하나님의 대사여,
가라 세상으로!

도서출판 꿈미는 가정과 교회가 연합하여 다음 세대를 일으키는 대안적 크리스천 교육기관인 사단법인 꿈이 있는 미래의 사역을 돕는 월간지와 교재, 단행본을 출간합니다.

하나님의 대사여, 가라 세상으로

초판 인쇄 2019년 10월 23일
초판 발행 2019년 10월 25일

발행인	김은호
글쓴이	김은호
발행처	도서출판 꿈미
등 록	제2014-000035호(2014년 7월 18일)
주 소	서울시 강동구 양재대로85길 16, 지층(성내동)
전 화	02-6413-4896, fax 02-470-1397
홈페이지	http://www.coommi.org
쇼핑몰	http://www.coommimall.com

ISBN 979-11-89047-77-1 03230

* 책값은 뒤표지에 있습니다.
* 이 교재는 도서출판 꿈미에서 만든 것으로 저작권법의 보호를 받으며 무단전제 및 복제를 금합니다.

김은호 설교 시리즈 8

하나님의 대사여, 가라 세상으로!

김은호 지음

"나도 너희를 보내노라"_요 20:21

차례

서문 | 우리가 하나님의 대사입니다! ········· 8

1부_ 하나님 대사의 자격
1. 평강을 가지라 ································· 15
2. 확신을 가지라 ································· 30
3. 성령 충만하라 ································· 42

2부_ 하나님 대사의 행동지침
4. 세상 한가운데로 가라 ····················· 55
5. 하나님만 의지하라 ························· 67
6. 푯대를 향해 달려가라 ····················· 78

3부 하나님 대사의 특권

7. 공급하심을 누려라 ·············· 93
8. 병든 자를 고쳐라 ·············· 102
9. 하나님의 권세를 누려라 ·············· 106

4부 하나님 대사의 사명

10. 복음을 전파하라 ·············· 121
11. 영혼을 추수하라 ·············· 134
12. 평안을 빌어 주라 ·············· 147
13. 심판을 선포하라 ·············· 157

5부 하나님 대사의 삶의 태도

14. 모든 일을 주께 하듯 하라 ·············· 173
15. 세상 두려움을 이겨라 ·············· 185
16. 복음과 함께 고난을 받으라 ·············· 199
17. 신앙의 경주에서 승리하라 ·············· 211
18. 배우고 확신한 일에 거하라 ·············· 224

우리가
하나님의 대사입니다!

서문

옛말에 "담을 쌓는 나라는 망하고, 길을 닦는 나라는 흥한다"고 했습니다. 중국은 만리장성을 쌓았고, 로마는 도로를 만들었습니다. 험한 지형에 백성을 동원하여 2,700여 km의 성을 쌓은 진나라는 망했습니다. 반면 당시의 기술로 무려 8만 5천여 km의 길을 닦은 로마는 17세기 프랑스 작가 라 퐁텐의『우화』에서 처음 나온 "모든 길은 로마로 통한다"는 말처럼 역사의 한 획을 그으며 천 년을 이어 갔습니다.

  개척 후 30년 동안 오륜교회를 목회하면서 끊임없이 고민하고, 하나님 앞에 기도했던 부분이 이것입니다. 세상으로부터 교회를 지키기 위해 담을 쌓는 것이 아니라 하나님의 복음을 들고 세상으로 나갈 길을 닦는 일이 무엇인가 하는 것이었습니다. 어쩌면 세상과 담을 쌓고 믿는 사람들끼리 거룩함만 추구하며 산다면 얼마든지 행복한 공동체를 이룰 수 있을지도 모릅니다. 그러나 성경에 계시된 예수 그리스도의 진리와 사랑은 그것이 옳지도, 선하지도 않다는 사실을 깨우

처 줍니다. 주님은 막힌 담을 모두 허무셨습니다. 그리고 하나님 나라의 길을 제시하셨습니다.

팀 티보Tim Tebow는 미국 프로풋볼리그NFL에서 최고의 스타였습니다. 그는 한쪽 무릎을 꿇은 채 주먹을 쥔 한쪽 손을 이마에 대고 기도하는 '티보잉'Tebowing으로 유명한 선수입니다. 2012년 1월, 그와 관련한 놀라운 일화가 한 기독 언론에 실렸습니다.

"미국 최고 인기 스포츠인 풋볼리그 덴버 브롱코스는 종료 직전 팀 티보의 기적적인 터치다운 패스로 승리했다. 이 경기가 특히 주목받은 것은 '요한복음 3장 16절'의 기적 때문이었다. 팀 티보가 경기 중 던진 열 차례의 패스는 각각 31.6야드, 총 316야드를 기록했고, 승부를 결정지은 마지막 터치다운 당시 순간 시청률도 31.6%였다. 당시 구글에서 요한복음 3장 16절을 검색한 횟수는 1억 2천 건이 넘었고, 관련 트윗도 1초에 1만 회 가까이 전송됐다. 그가 대학 시절 챔피언십 결승전 경기에 출전했을 때도 요한복음 3장 16절의 구글 검색 횟수는 9,400만 건에 달했다." - 「기독일보」 (2013년 5월 12일)

운동선수들은 경기 도중 햇빛에 방해받지 않기 위해 아이패치를 붙입니다. 팀 티보는 여기에 요한복음 3장 16절을 써 넣었습니다. 그는 자신의 일터에서 '나를 지키시며 나와 함께 걸어가시는 하나님을 영원히 신뢰하고 사랑할 것'임을 드러냈습니다. 그는 "복음을 위한 도전에 불가능은 없다"고 고백했습니다. 이것이 그가 운동선수로서 필드에서 최선을 다해 경기하는 이유입니다. 그럴수록 더욱 더 많은 사람들이 요한복음 3장 16절 말씀을 보기 때문입니다.

팀 티보야말로 하나님께서 복음을 위해 세상에 보낸 사람이라는 생각이 듭니다. 하나님은 이처럼 그리스도인들이 세상 속에서 그리스도의 향기를 발하길 바라십니다. 인간의 육체를 입고 가장 낮은 곳으로 임하신 예수님께서 말씀하시고, 행하셨던 것처럼 믿는 자들이 복음의 진리를 입술로 증언하고, 구원의 은혜를 삶으로 고백하길 바라십니다. 피하지 않고, 숨지 않고, 담대하게 십자가의 복음을 선포하길 원하십니다. 어떤 시련과 고난이 와도 상황을 뛰어넘는 은혜를 맛보길 원하십니다. 지금도 살아 계셔서 우리와 동행하시며 자신의 역사를 이루어 가고 계심을 우리의 삶으로 세상 사람에게 보여 주길 원하십니다. 그럼으로써 오직 예수 그리스도만을 나의 구주로 고백하기를 원하십니다.

하나님이 원하시는 이 모든 일을 이룰 자가 하나님의 대사입니다. 로마의 황제 옥타비아누스가 공병대를 보내 그 길을 닦았듯이 예수님도 열두 제자와 70인의 전도인을 세상에 보내 하나님 나라의 길을 닦으셨습니다. 그렇게 보냄 받은 제자들은 귀신을 쫓아내고, 병을 고치고, 희어진 영혼들을 추수했습니다. 복음을 전파하고, 평안을 빌어 주고, 구원과 심판을 선포했습니다. 그들은 세상에 나가 주께 하듯 모든 일을 했고, 두려움을 이겨 냈고, 복음을 위해 고난을 감내했습니다. 배우고 확신한 말씀에 거하며 신앙의 경주에서 승리했습니다.

제자들이 예수님의 보냄을 받은 것처럼 우리도 하나님의 대사로서 세상에 보냄을 받았습니다. 하나님의 대사는 목회자나 선교사처럼 특수한 임무를 띤 이들만이 아닙니다. 구원의 확신을 가지고 호흡이 있는 동안 주님을 고백하며, 삶의 현장에서 그리스도의 영광을 드러내는 모든 이들이 바로 하나님의 대사입니다. 지금, 삶의 현장에서 주를 기뻐하며 여호와의 아름다운 이름을 찬송하는 모든 이가 하나님의 대사입니다. 세상을 향해 하나님이 얼마나 좋은 분이고 위대한 분인지 거침없이 외치는 이가 바로 하나님의 대사입니다. 낮에는 하나님의 일을 하고 밤에는 예수의 꿈을 꾸는, 하나님께서 찾으시는 한 사람, 그 사람이 하나님의 대사, 바로 당신입니다.

그런 당신은 복음의 현장에서 날마다 감격합니다. 주님을 생각할 때마다 가슴이 뜁니다. 하나님의 은혜가 얼마나 크고 위대한지 매 순간 경험합니다. 주님을 전하지 않고서는 견딜 수 없는 복음에 빚진 자로서 주의 일을 감당합니다.

바라기는 지금 인생의 전성기를 달리면서도 겸비하기를 원하는 이들이나 날마다 기쁨으로 주님을 만나며 성령 충만함을 경험하고 있는 이들뿐만 아니라, 오늘 아주 작은 희망까지 상실하여 힘겨워하는 이들과 도무지 갈 바를 알지 못하고 방황하는 이들에게까지 빛 되신 주님께서 찾아오셔서 새 힘 주시기를 소망합니다.

하나님의 은혜는 차별이 없습니다. "주는 그리스도시요, 살아 계신 하나님의 아들"이라 믿음으로 고백하는 모든 이를 제자로 부르십니다. 그리고 하나님의 대사로 세우십니다. 그러니 주님의 부르심을 기뻐하며 순종으로 나아갑시다. 세상을 향해 뜨겁게 외치며 나아갑시다. 하나님의 하나님 되심을 마음껏 선포합시다. 당신은 하나님의 언약 안에 있는 축복의 통로, 하나님의 대사입니다.

2019년 깊은 가을
김은호 목사

서문
우리가 하나님의 대사입니다!

1부

하나님 대사의 자격

평강을 가지라

— 요 20:19-21

01

2019년 오륜교회 표어는 "하나님의 대사여, 가라 세상으로!"입니다. 지난해 표어는 "은혜에 굳게 서라"였습니다. 우리가 주님의 자녀 된 자로 은혜를 받고, 은혜를 알고, 은혜에 굳게 섰다면 이제는 은혜를 받은 자로서 세상으로 나가야 합니다. 하지만 그리스도인이 '복음을 전하라'는 마땅한 사명을 실행하려고 할 때 세상은 '포기하라'고 위협하거나 '내일부터'라는 달콤한 말로 유혹합니다.

그러나 복음의 전진은 쉼이 없어야 합니다. 주님은 하나님의 사명을 담당하는 자들에게 상황과 환경을 뛰어넘는 능력과 지혜를 주십니다. 그러므로 성도는 어느 때든지 영원한 하나님 나라에 대한 진리와 사랑이신 예수 그리스도를 전파해야 합니다. 만세 전부터 예정된 나를 향한 하나님의 무조건적인 은혜가 임할 때 우리는 필사적으로 주의 얼굴을 구하며, 주의 영광을 선포할 수 있습니다. 이것이 하나님의 자녀 된 자가 나아갈 길, 즉 '대사(使)의 사명'입니다.

나도 너희를 보내노라

요한복음은 복음서 중에서도 특히 하나님의 아들이신 예수 그리스도의 신성을 강조합니다. 하나님의 아들이자 동시에 본질적으로 하나님이신 예수 그리스도를 믿을 때 생명을 얻게 됨을 증거합니다.

"오직 이것을 기록함은 너희로 예수께서 하나님의 아들 그리스도이심을 믿게 하려 함이요 또 너희로 믿고 그 이름을 힘입어 생명을 얻게 하려 함이니라"(요 20:31).

성자 예수님은 성부 하나님과 영원 전부터 계셨다가 하나님의 구원 계획에 순종함으로 스스로 낮아짐을 택하여 성육신하셨습니다. 그렇게 하늘 영광 버리고 이 땅에 오신 후 죄로 얼룩진 인류를 구원하기 위해 십자가에 달려 돌아가시고 부활하심으로써 구속 사역을 이루셨습니다. 이렇게 부활하신 주님은 승천하여 다시 성부 하나님께로 돌아가기 전 안식 후 첫날 제자들에게 나타나 말씀하셨습니다.

"아버지께서 나를 보내신 것같이 나도 너희를 보내노라"(요 20:21b).

요한복음 17장에는 예수님이 십자가에 달려 죽으시기 전 마지막 고별 설교를 마치시고, 대제사장으로서 중보적 기도를 드리는 장면이 나옵니다. 그때도 주님은 이런 기도를 드리셨습니다.

"아버지께서 나를 세상에 보내신 것같이 나도 그들을 세상에 보내었고"(요 17:18).

예수님은 누구를 위하여 기도하셨습니까?

"내가 비옵는 것은 이 사람들만 위함이 아니요 또 그들의 말로 말미암아 나를 믿는 사람들도 위함이니"(요 17:20).

함께 동역하는 열두 제자들만이 아니었습니다. 장차 예수를 믿게 될 모든 사람을 위해 기도하셨습니다. 그렇다면 주님으로부터 보냄을 받은 자들은 누구입니까? 당시 예수님의 제자들을 포함해 오늘 예수를 믿는 모든 우리를 말합니다.

예수님은 당시의 제자들만 세상으로 보내신 것이 아닙니다. 오늘 믿음으로 예수를 고백하는 우리도 세상으로 보내셨습니다. "나도 너희를 보내노라"는 말씀은 2천 년 전 제자들에게만 해당되는 말씀이 아닙니다. 이 시대를 살아가는 모든 주님을 믿는 우리에게 주신 주님의 명령입니다. "나도 너희를 보내노라." 이 말씀은 우리를 향한 부활하신 주님의 명령입니다.

누가 나를 세상으로 보내는가?

그럼 우리를 이 세상으로 보내신 분이 누구입니까? 부활하신 주님입니다. 주님은 숨어 있는 제자들에게 나타나 "아버지께서 나를 보내신 것같이 나도 너희를 보내노라"고 말씀하셨습니다. 다시 말하면, 우리를 이 세상에 파송한 이는 바로 사망의 권세를 이기고 부활하신 우리 주님입니다. 생명의 왕 되신 주님께서 우리를 이 세상에 보내셨습니다. 이 사실이 굉장히 중요합니다. 보냄 받은 자는 누구로부터 보냄을 받았느냐에 따라 그 신분과 권위와 대우가 달라지기 때문입니다.

우리나라에도 각국에서 파송받은 대사들이 많이 있습니다. 얼핏 보면 그 신분과 권위와 권리 등이 다 동등한 것처럼 보입니다. 하지만 국제 사회는 냉철합니다. 국력에 따라 신분과 권위가 다른 대우를 받습니다. 아프리카 작은 나라의 대사는 중요한 행사에 초청을 받지 못할 때도 있고, 혹 초청 받아 참석한다 해도 헤드테이블이 아닌 구석진 곳에 앉을 때가 많습니다. 그러나 미국처럼 강대국에서 온 대사는 당연히 중요한 행사에 참석하는 것은 물론이고, 헤드테이블에 앉습니다. 또한 각국의 대통령도 쉽게 만날 수 있습니다. 이렇듯 세상의 대사들도 자신을 파송한 나라의 격에 따라 그 신분과 대우와 권위를 다르게 적용받습니다.

그런데 우리를 이 세상에 보내신 분이 누구입니까? 사망 권세를 이기고 부활하신 주님입니다. 만왕의 왕이요, 만유의 주가 되시는 분입니다. 닫으면 열 자가 없고, 열면 닫을 자가 없는 주님이십니다.

당신은 그리스도의 대사

이렇게 사망 권세를 이기고 부활하신 만왕의 왕 주님께서 자신을 대신하여 우리를 이 세상에 보냈습니다.

> "그러므로 우리가 그리스도를 대신하여 사신이 되어 하나님이 우리를 통하여 권면하시는 것같이 그리스도를 대신하여 간청하노니 너희는 하나님과 화목하라"(고후 5:20).

위 말씀에서 그리스도를 대신한다는 말이 두 번 나옵니다. 그리스도를 대신하여 사신이 되었다고 말합니다. 그리스도를 대신하여 간청하노니 하나님과 화목하라고 합니다. 그렇습니다. 우리는 그리스도를 대신하여 이 세상에 보냄 받은 그리스도의 대사, 하나님의 대사입니다.

주님이 우리를 세상에서 부르신 것은 교회 안에 두기 위함이 아닙니다. 세상 속으로 보내기 위함입니다. 신앙생활의 무대는 교회가 아닙니다. 바로 세상입니다. 세상이 우리 신앙생활의 무대입니다. 우리의 가정이 신앙생활의 무대입니다. 일터가 신앙생활의 무대입니다.

캠퍼스가 신앙생활의 무대입니다.

그러므로 하나님의 부르심을 받은 우리는 나태해져서는 안 됩니다. 우리는 유튜브를 보기 위해 이 땅에서 살아가는 존재가 아닙니다. 주님은 우리가 각종 SNS에서 인플루언서Influencer가 되기 위해 시간을 보내느라 정작 주님과의 관계가 멀어지는 것을 슬퍼하십니다. 또한 하나님은 사회적, 경제적 안정을 좇아 방황하는 인생으로 우리를 부르시지 않았습니다. 부르심을 받은 우리의 자리는 명백합니다. 그것은 '대사'요, 또한 '교회'입니다.

교회를 헬라어로 '에클레시아'라고 말합니다. 에클레시아는 '에크'(ἐκ, ~으로부터)+'칼레오'(καλέω, 부르다)로 이루어진 단어입니다. 해석해 보면 '세상에서 부름 받은 자들의 모임'이 바로 교회입니다. 여기서 끝나지 않습니다. 교회는 또한 '세상에 보냄 받은 제자들의 모임'이기도 합니다.

그런데 많은 성도들이 교회의 정체성을 세상에서 부름 받은 사람들의 모임으로만 생각합니다. 분명 교회 안에서는 그리스도의 은혜에 빚진 자들로서 하나님을 예배하는 거룩한 신앙생활을 합니다. 하지만 세상에 나가서는 아무렇게나 살아갑니다. 누가 그리스도인인지 구별이 되지 않습니다. 말씀에 대한 온전한 묵상과 적용 없이 단편적인 해석으로만 엄격하게 교회를 정의하다 보니 신앙생활을 잘하려면 가급적 세상을 멀리해야 한다고 생각합니다.

'세상에 보냄 받은 제자들의 모임'이란 말은 세상과 벗 되어 살아가라는 말이 아닙니다. 세상을 사랑하라는 말도 아닙니다. 주님이 우리를 보내신 곳이 바로 세상이라는 사실을 인식하며 살라는 말입니다. 우리는 그 사명을 가지고, 하나님을 대신해 이 땅에 보냄을 받은 하나님의 대사, 그리스도인입니다.

언제 그리스도의 대사가 되었는가?

그렇다면 우리는 언제 그리스도의 대사가 되었습니까? 예수님을 영접하여 새로운 피조물이 되는 순간입니다.

> "그런즉 누구든지 그리스도 안에 있으면 새로운 피조물이라 이전 것은 지나갔으니 보라 새것이 되었도다"(고후 5:17).

바울은 이 말씀 이후 "그러므로 우리가 그리스도를 대신하여 사신이 되어"(고후 5:20)라고 했습니다. 예수를 믿음으로 죄를 용서받고, 하나님의 생명으로 새로운 피조물이 되는 순간부터 하나님의 대사가 된 것입니다. 부활하신 주님께서 영으로 우리 안에 내주하셔서 우리의 몸을 성전 삼으시는 그 순간부터 우리는 하나님의 대사인 것입니다.

그런데 어떤 성도는 파송받아 나가서 복음을 전하는 선교사들이나 소수의 목회자들만이 하나님의 대사라고 생각합니다. 그렇지 않습니다. 예수를 믿음으로 그리스도 안에서 새로운 피조물이 된 모든 사람이 그리스도의 대사들입니다. 어떤 순간에도 당신이 진정으로 예수를 믿고 거듭났다면 당신은 이 세상에 보냄을 받은 그리스도의 대사임을 기억하십시오.

그러므로 우리는 무슨 말을 하든지, 무슨 일을 하든지 그리스도의 대사처럼 말하고, 행동하며, 살아야 합니다. 그리스도의 대사, 하나님의 대사라는 나의 신분을 잊으면 안 됩니다. 사람을 만날 때도 '내가 지금 그리스도를 대신하여 이 사람을 만나고 있다'는 생각을 가져야 합니다. 학생들을 가르치고, 자녀를 교육할 때도 그리스도의 대사처럼 해야 합니다. 주님의 마음을 품고, 주님이 지금 말씀하시는 것처럼 자녀를 훈계하고, 가르쳐야 합니다. 회사를 경영할 때도 수시로 '주님이라면 어떻게 하셨을까?' 질문을 던지며 그리스도의 대사로 경영해야 합니다. 의사로서 환자를 수술하고, 경찰로서 치안을 돌볼 때도 물론 그렇게 해야 합니다.

이렇게 그리스도의 대사라는 사명으로 사람을 만나고, 맡겨진 일을 감당하면 내 삶에 놀라운 일들이 일어나게 될 것입니다.

두려워 떠는 제자들

그런데 부활하신 주님께서 제자들에게 나타나 이 말씀을 하신 때는 언제일까요?

"이날 곧 안식 후 첫날 저녁 때에 제자들이 유대인들을 두려워하여 모인 곳의 문들을 닫았더니"(요 20:19a).

'안식 후 첫날'은 바로 예수님이 사망 권세를 이기고 부활하신 날입니다. 부활하신 예수님은 그날 저녁 제자들이 숨어 있는 곳을 직접 찾아오셨습니다. 제자들은 그날 아침 막달라 마리아를 통해 예수님의 부활 소식을 들었습니다. 베드로와 요한은 그 소식을 듣고 달려가 예수님의 비어 있는 무덤을 보았습니다.

그런데도 그들은 유대인들이 무서워 모든 문을 꼭꼭 잠그고 숨어 있었습니다. 예수님이 부활하셨다는 소식을 듣고 심지어 예수님의 빈 무덤을 보았으면서도 그들은 기뻐하기보다 도리어 두려워 떨고 있었습니다. 그 이유는 그들이 부활하신 주님을 아직 만나지 못했기 때문입니다. 또 다른 이유는 예수님의 부활 소식이 사람들에게 확산되기 시작하면 많은 사람들이 예수를 믿게 될 것이고, 그렇게 되면 예수를 잡아 죽인 유대인들이 예수님의 제자인 자기들을 가만두지 않을 것이라 생각했기 때문입니다.

이렇게 두려워 떨고 있는 상황에서 예수님께서 나타나셨습니다. 분명히 문을 잠가 두었는데 제자들이 모인 그곳에 모습을 드러내셨습니다. 부활한 몸은 신령한 몸이기 때문에 공간의 제한을 받지 않으신 것입니다.

너희에게 평강이 있을지어다

문을 걸어 잠그고 두려워 떨고 있는 제자들에게 나타난 부활의 주님이 가장 먼저 하신 말씀은 무엇일까요? 예수님은 배신자라고, 겁쟁이라고, 왜 그러고 있냐고, 비난하거나 책망하지 않으셨습니다. "너희에게 평강이 있을지어다"라고 말씀하셨습니다.

"예수께서 오사 가운데 서서 이르시되 너희에게 평강이 있을지어다"(요 20:19b).

사실 제자들은 결정적인 순간에 예수님을 배신하고 도망갔습니다. 때문에 예수님으로부터 비난과 책망을 받아야 마땅합니다. 그러나 주님은 평강을 말하며 축복하셨습니다. 예수님은 부활한 자신의 몸을 제자들에게 보여 주신 다음 또다시 제자들을 향해 말씀하셨습니다.

"예수께서 또 이르시되 너희에게 평강이 있을지어다"(요 20:21a).

부활하신 예수님은 바로 그날 제자들에게 오셔서 두 번이나 "너희에게 평강이 있을지어다"라고 말씀하셨습니다. 어떤 이들은 평강이 히브리어로 '샬롬'이고 그들의 인사말이기 때문에 주님께서 제자들에게 단순한 인사로 평강을 말씀하셨다고 말합니다. 그러나 단순한 인사말이었다면 왜 두 번이나 반복하여 말씀하셨을까요? 그것은 주님에게 있어 최고의 관심이 평강이었기 때문입니다. 돈이 아닙니다. 성공이 아닙니다. 명예도, 안락한 삶도 아닙니다.

세상의 편안함과 하나님이 주시는 평강은 분명 다릅니다. 돈이 있으면 편리하게 살 수 있습니다. 그러나 돈과 환경이 우리에게 편리함을 준다 해도 평안은 주지 못합니다. 그렇다면 왜 부활하신 주님의 관심이 평강에 있었을까요?

하나님의 대사는 평강이 있어야 한다

그리스도의 대사로 세상을 향해 나아가는 자에게는 반드시 평강이 있어야 하기 때문입니다. 반대로 얘기하면, 평강이 없는 자는 그리스도의 대사로 나아갈 수 없습니다. 그렇다면 예수님이 말씀하신 평강은 어떤 평강일까요?

> "평안을 너희에게 끼치노니 곧 나의 평안을 너희에게 주노라 내가 너희에게 주는 것은 세상이 주는 것과 같지 아니하니라"(요 14:27a).

그것은 보혜사 성령께서 주시는 평안입니다. 이 평안은 세상이 줄 수 없습니다. 오직 보혜사 성령만이 주실 수 있습니다. 이 평안은 예수님의 십자가 죽으심과 부활을 통해 주어졌기 때문입니다. 그래서 예수님은 아버지께서 내 이름으로 보내실 보혜사 성령님에 관해 말씀하신 다음 곧이어 평안을 말씀하셨습니다.

요한복음 14장에서 예수님은 '나는 떠나가지만 너희에게 또 다른 보혜사 성령님을 보내 주실 것'이라고 약속하십니다. '보혜사 성령께서 오셔서 너희 안에 거처를 정하시며 너희와 영원히 함께하실 것'이라고도 말씀하십니다. 그리고 보혜사 성령께서 오시면 "그가 너희에게 모든 것을 가르치고 내가 너희에게 말한 모든 것을 생각나게 하리라"(요 14:26b)고 말씀하십니다. 그런 다음 "평안을 너희에게 끼치노니 곧 나의 평안을 너희에게 주노라 내가 너희에게 주는 것은 세상이 주는 것과 같지 아니하니라"(요 14:27a)고 말씀하셨습니다. 따라서 예수님이 말씀하신 평안은 세상이 줄 수 없는, 오직 보혜사 성령만이 주실 수 있는 평안입니다.

보혜사 성령님은 예수님이 십자가에 달려 죽으시고 부활하사 승천하심으로 우리 가운데 오셨습니다. 예수님은 세상이 줄 수 없는 이 평강을 우리에게 주시기 위해 십자가 위에서 화목제물로 돌아가셨습니다. 그래서 일찍이 이사야 선지자는 "그가 징계를 받으므로 우리는 평화를 누리고"(사 53:5)라고 예언했습니다. 또한 죽음에서 부활하시고 승천하사 보혜사 성령을 우리 가운데 보내 이 평강을 누리게 하셨습니다. 그러므로 주님이 말씀하신 이 평강은 누구나 누릴 수 있는 평강이 아닙니다. 죄와 죽음의 법에서 해방된 사람만이 누릴 수 있는 것입니다. 예수님 안에 거하는 자만이 누릴 수 있는 것입니다.

부활하신 예수님은 우리를 이 세상에 보내십니다. 그리고 평강을 주십니다. 이것은 세상이 줄 수 없는 평강입니다. 인간의 이성으로는 이해될 수 없는 평강입니다. 풍랑의 한복판에서도 누릴 수 있는 평강입니다. 고난을 당하고 핍박을 받으면서도 누릴 수 있는 평안입니다. 경제적인 어려움, 인간관계의 갈등 속에서도 누릴 수 있는 평안입니다. 기가 막힌 웅덩이와 수렁에서도 누릴 수 있는 평강입니다. 한마디로 모든 지각 위에 뛰어난 평강입니다.

이 평강은 십자가의 죽으심과 부활로 인해 주어진 열매이기 때문입니다. 또한 보혜사 성령께서 우리에게 주시는 것이기 때문입니다. 지금 당신은 이 평안을 온전히 누리고 있습니까? 부활하신 주님의 최고의 관심은 평강 곧 평안임을 기억하십시오.

평안을 가진 자만이 평안의 복음을 전할 수 있다

이 평안은 세상을 향해 나아가는 하나님의 대사에게 꼭 필요한 것입니다. 평안을 가진 자만이 평안의 복음을 전할 수 있기 때문입니다. 사도 바울은 우리가 전하는 복음을 평안의 복음이라고 고백합니다.

> "평안의 복음이 준비한 것으로 신을 신고"(엡 6:15).

세상에 나아가 평안의 복음을 전하는 자는 우선 자신이 이 평안의 축복을 누릴 수 있어야 합니다. 생각해 보십시오. 오늘 내 안에 평안이 없는데 어떻게 평안의 복음을 전할 수 있겠습니까? 만약 두려움으로 떨고 있는 자가 복음을 전한다면 누가 그 복음을 온전히 받아들이겠습니까? 그러므로 하나님의 대사로 세상에 나아가는 우리에게는 이 평안이 있어야 합니다.

약하고 어리석으며, 실수와 허물이 많다 해도 당신은 하나님의 대사입니다. 대사로 보냄을 받은 당신이 바로 하나님의 자존심입니다. 남보다 배우지 못하고, 가난하며, 뛰어난 것이 없을지라도 하나님의 자존심으로 당당하게 나아가십시오.

"나도 너희를 보내노라." 부활하신 주님께서 오늘 나를 이 세상에 대사로 보내실 때 세상이 줄 수 없는 평강을 가지고 나아가야 합니다. 십자가의 죽으심과 부활의 열매인 평안을 가지고 나아가야 합니다. 내일에 대한 두려움, 죽음에 대한 두려움, 실패에 대한 두려움 등 온갖 두려움 가운데 살고 있는 이 땅의 사람들에게 세상이 줄 수 없는 평안의 복음을 가지고 나아가야 합니다. 어떤 상황과 환경에서도 누릴 수 있는 평안의 복음을 전하며 하나님의 살아 계심과 역사하심을 선포하십시오.

1871년, 시카고에서 대화재가 일어났습니다. 당시 변호사로 승승장구하던 호레이시오 스패포드 H. G. Spafford는 이 재난으로 인해 전 재산을 잃었습니다. 가족들은 깊은 절망과 함께 낙심했습니다. 그들에게는 안식이 필요했습니다. 1873년 11월 15일, 스패포드의 아내와 네 딸은 유럽에 가기 위해 여객선에 올랐습니다. 하지만 스패포드는 친한 친구이자 동역자였던 무디의 교회 재건과 전도 사역을 돕기 위해 동승하지 못하고 수일 후에 뒤따라가기로 했습니다.

그런데 하필 아내와 네 딸이 탄 '빌르 드 아브르'Ville de Haver 호가 영국의 철갑선 '라키언'호와 충돌했고, 226명이 바다에서 목숨을 잃었습니다. 스패포드의 가족도 이 끔찍한 재난을 피해 갈 수 없었습니다. 사랑하는 아내는 간신히 목숨을 구했지만 네 명의 딸은 목숨을 잃었습니다. 아내로부터 급히 연락을 받은 스패포드는 급하게 현장에 도착했습니다.

사랑하는 네 딸의 생명을 빼앗아 간 죽음의 바다를 바라보면서 그는 밤새 아픔과 슬픔으로 하나님께 울부짖었습니다. 하나님은 그런 그에게 평안을 주어 회복시키셨습니다. 이때의 절망과 아픔, 평안과 회복의 경험을 노래한 찬양시가 바로 "내 평생에 가는 길"(It Is Well With My Soul, 찬송가 413장)입니다.

이 찬양을 통해 깨닫는 것이 있습니다. 상황과 환경을 뛰어넘어 신실하신 하나님을 신뢰하는 것이 평안의 시작이라는 것입니다. 이 평안은 오직 주님만이 주실 수 있습니다. 또한 하나님의 대사는 반드시 이 평안 가운데 머물러야 합니다.

하나님께서는 당신을 왕 같은 제사장, 거룩한 나라, 하나님의 소유된 백성으로 택하셨습니다. 하나님의 권능 아래 있는 나의 신분을 잊지 마십시오. 그리고 보혜사 성령님께 놀라운 평안의 기름 부음을 허락해 달라고 기도하십시오. 만왕의 왕이신 하나님의 대사로 세상을 향해 나아가는 당신에게 세상이 줄 수 없는 평강이 있기를 주님의 이름으로 축원합니다.

확신을 가지라

— 요 20:20

비록 내가 하나님의 대사임을 잘 알고 있다고 해도, 세상에서 하나님의 대사로 살아가기란 그리 녹록한 일이 아닙니다. 세상은 끊임없이 우리의 믿음을 지치게 만들고, 복음 전하는 것을 방해합니다. 그때마다 우리의 최선은 기도여야 합니다. 기도는 말씀의 역사하심을 확신하게 해주고, 말씀의 역사하심을 소망하게 합니다. 지금 당신에게 확신이 필요합니까? 말씀의 자리로 나아가십시오. 기도의 자리에서 부르짖으십시오. 하나님께서는 기도하는 인생이 걸린 암초 위에 등대를 세워 주십니다. 모든 것이 불확실한 상황 속에서 가장 확실한 하나님의 은혜를 누리게 하십니다.

하나님의 대사에게는 확신이 필요하다

하나님의 대사로 세상을 향해 나아가는 자에게는 반드시 필요한 것이 있습니다. 확신입니다. 예수님은 자신의 부활을 의심하는 제자들에게 나타나 십자가에 못 박혔던 손과 창에 찔린 옆구리를 보여 주셨습니다.

"이 말씀을 하시고 손과 옆구리를 보이시니 제자들이 주를 보고 기뻐하더라"(요 20:20).

거기서 끝나지 않았습니다. 부활하신 예수님은 여드레를 지나 제자들이 모여 있는 곳에 다시 오셔서 "너희에게 평강이 있을지어다"라고 말씀하셨습니다. 또한 현장에 없어 예수님의 부활을 계속 의심하고 있던 도마에게도 부활에 대한 증거를 보여 주셨습니다.

"도마에게 이르시되 네 손가락을 이리 내밀어 내 손을 보고 네 손을 내밀어 내 옆구리에 넣어 보라 그리하여 믿음 없는 자가 되지 말고 믿는 자가 되라"(요 20:27).

부활하신 주님은 왜 두 번이나 제자들에게 나타나 자신의 손에 난 못자국과 옆구리의 창 자국을 보여 주셨을까요? 주님의 죽으심과 부활이 완벽하게 확실하다는 것을 보여 주기 위함입니다.

초대교회에도 이단이 득세했습니다. '가현설'Docetism 즉 그리스도가 단지 인간으로 보였을 뿐이라고 주장하는 마르키온과 영지주의자 그리고 예수님은 그저 요셉과 마리아의 육신적인 아들이라 주장하며 그리스도의 신성을 부인한 에비온파도 있었습니다. 이밖에도 예수님이 죽은 것이 아니라 잠시 기절했다가 다시 살아난 것이라고 말하는 '기절설', 예수님은 영으로만 부활하고 육체는 부활하지 않았다고 주장하는 '강령설' 등 예수 그리스도의 인성과 신성을 의심하거나 부인하는 주장들이 끊임없이 제기되었습니다.

그러나 부활하신 예수님은 손의 못자국과 옆구리의 창 자국을 보여 주심으로써 자신의 죽으심과 부활이 역사적으로 확실한 것임과 동시에 영과 육을 가진 신령한 몸으로서의 부활임을 입증해 주셨습니다. 그리스도의 대사, 하나님의 대사로 나아가는 자들은 반드시 예수님 십자가의 죽으심과 부활에 대한 확신을 가져야 하고, 또 그 확신을 가지고 나아가야 합니다.

우리를 하나님의 대사로 보낸 분이 누구입니까? 바로 십자가에서 죽으시고, 부활하신 주님이 아닙니까? 예수님이 나를 위해 죽으셨고, 나를 위해 사흘 만에 부활하셨다는 확신이 없는 자가 어떻게 생명의 복음을 전할 수 있겠습니까? 확신이 없는 자는 결코 부활의 증인이 될 수 없습니다.

그렇습니다. 하나님의 대사로 나아가는 자는 반드시 나를 보내신 주님이 내 죄를 위하여 십자가에 달려 죽으셨고, 사흘 만에 사망의 권세를 이기고 부활하셨다는 복음의 핵심, 이 확신을 가지고 나아가야 합니다.

임마누엘의 확신을 가지고 나아가라

하나님의 대사로 나아가는 자는 또한 나를 보내신 그 주님이 지금도 나와 함께하신다는 임마누엘의 확신을 가지고 있어야 합니다. 임마누엘이란 '하나님께서 자기 백성과 함께하신다'는 뜻입니다. 출애굽 한 이스라엘 백성이 광야를 걸을 때 하나님은 그들보다 앞서가시며 낮에는 구름기둥, 밤에는 불기둥으로 인도하셨습니다.

> "낮에는 구름기둥, 밤에는 불기둥이 백성 앞에서 떠나지 아니하니라"(출 13:22).

하나님은 430년 동안 애굽에서 종살이 하던 이스라엘 백성을 구원해 내셨습니다. 그런데 단지 구원하는 것만으로 끝내지 않으셨습니다. 하나님은 그들이 가나안 땅으로 들어가기 위해 광야의 길을 행진하는 동안 앞서 인도하시며 그들과 동행하셨습니다. 마찬가지로 하나님은 우리를 구원하여 내는 것만으로 끝내지 않으십니다. 우리가 장차 하나님 나라에 들어갈 때까지 광야의 인생 여정을 우리와 함께하십니다.

예수님은 잡히시기 전날에도 사랑하는 제자들에게 "내가 보혜사 성령을 보내어 영원토록 너희와 함께하겠다"고 말씀하셨습니다. 또한 승천하며 이 땅을 떠나실 때에도 마지막으로 말씀하셨습니다.

"볼지어다 내가 세상 끝날까지 너희와 항상 함께 있으리라"하시니라"(마 28:20b).

이 말씀대로 주님은 우리 눈에 보이지 않지만 영으로 지금 우리와 함께하십니다. 그래서 하나님의 대사로 나아가는 자는 임마누엘의 확신을 가지고 나아가야 합니다. 나를 보내신 부활의 주님이 지금도 나와 함께하신다는 임마누엘의 확신을 가지길 바랍니다.

하나님의 사람은 확신의 사람

성경에 등장하는 하나님의 사람들은 모두 확신의 사람이었습니다. 그들은 그리스도 안에서 확신을 가지고 도전했고, 확신을 가지고 나아가 싸웠습니다.

먼저 다니엘과 세 친구를 보십시오. 그들은 하나님께서 자신들을 책임져 주신다는 확신을 가졌기에 바벨론의 왕이 내려 준 음식과 포도주를 거절하였습니다.

"청하오니 당신의 종들을 열흘 동안 시험하여 채식을 주어 먹게 하고 물을 주어 마시게 한 후에 당신 앞에서 우리의 얼굴과 왕의 음식을 먹는 소녀들의 얼굴을 비교하여 보아서 당신이 보는 대로 종들에게 행하소서 하매"(단 1:12-13).

뿐만 아니라 맹렬히 타는 풀무불 속에 던져진다는 사실을 알면서도 금 신상에 절하지 않았습니다. 다니엘은 또한 사자굴 속에 던져진다는 사실을 알면서도 전에 하던 대로 하루에 세 번씩 무릎 꿇고 기도했습니다. 하나님께서 자신들의 인생을 책임져 주신다는 확신을 가졌기에 그들은 결코 타협하지 않았습니다.

여호수아와 갈렙을 보십시오. 두 사람과 함께 40일 동안 가나안을 정탐하고 돌아온 10명의 정탐꾼들은 백성들 앞에서 이렇게 말했습니다.

"우리는 능히 올라가서 그 백성을 치지 못하리라 그들은 우리보다 강하니라"(민 13:31).
"거기서 네피림 후손인 아낙 자손의 거인들을 보았나니 우리는 스스로 보기에도 메뚜기 같으니 그들이 보기에도 그와 같았을 것이니라"(민 13:33).

10명의 정탐꾼들은 "그들은 우리보다 강하기 때문에 우리는 그들을 치지 못한다", "그들 보기에 우리는 메뚜기와 같다"고 말했습니다. 그리고 이 소식을 들은 이스라엘 백성은 밤새도록 통곡하며 지도자를 원망했습니다. 하지만 함께 정탐을 하고 돌아온 여호수아와 갈렙은 달랐습니다. 그들의 심장은 이미 승리로 뛰고 있었습니다.

"우리가 곧 올라가서 그 땅을 취하자 능히 이기리라"(민 13:30b).
"그 땅 백성을 두려워하지 말라 그들은 우리의 먹이라 그들의 보호자는 그들에게서 떠났고 여호와는 우리와 함께하시느니라"(민 14:9).

여호수아와 갈렙이 "우리가 올라가서 그 땅을 취하자 능히 이기리라"고 말한 이유가 무엇입니까? 그 백성을 두려워하지 말라고, 그 백성은 우리의 먹이라고 말한 이유가 무엇입니까?

"여호와는 우리와 함께하시느니라."

여호와 하나님이 우리와 함께하시기 때문입니다. 주님이 함께하시기 때문에 그 땅을 취할 수 있고, 승리할 수 있다는 것입니다. 여호수아와 갈렙은 눈에 보이는 모습을 사실대로만 보지 않았습니다. 임마누엘 하나님이 함께하신다는 믿음의 눈으로 보았습니다.

하나님의 마음에 합한 자였던 다윗을 보십시오. 그는 하나님께서 자신을 위해 싸워 주실 것이라는 확신을 가졌습니다. 이런 믿음 때문에 물맷돌만 가지고 골리앗을 향해 돌진할 수 있었습니다. 말년에는 아들 압살롬의 반란으로 인해 신발도 신지 못한 채 울면서 예루살렘의 감람 산을 떠나야 했습니다. 그때도 다윗은 하나님이 이 모든 상황 가운데서 자신을 지키시고 구원하실 것을 확신했습니다.

"천만인이 나를 에워싸 진 친다 하여도 나는 두려워하지 아니하리이다"(시 3:6).
"내가 평안히 눕고 자기도 하리니 나를 안전히 살게 하시는 이는 오직 여호와이시니이다"(시 4:8).

그는 하나님께서 지키시며 구원하실 것을 확신하며 두려워하지 않았습니다. 주님이 함께하시면 어떤 상황에서든지 담대하게 됩니다. 그러나 이 확신이 없는 사람은 신앙생활을 아무리 오래해도 무엇을 하든, 누구를 만나든 늘 불안합니다. 그러니 나를 구원하신 그 사랑의 주님을 힘써 구하고, 전적으로 신뢰해야 합니다.

중요한 것은 내 자신에 대한 확신이 아닙니다. 자기 신념을 근거로 확신해서는 안 됩니다. 하나님께로 말미암는 확신이어야 합니다. 지식과 경험, 실력을 근거로 확신하는 사람들이 있습니다. 그러나 그런 확신은 위험합니다. 완전하지 않은 확신을 가지고 도전하는 것은 무모할 때가 많고, 이는 치명적인 실패로 이어질 수 있습니다. 우리의 확신은 하나님의 말씀에 근거해야 합니다. 하나님께서 역사하시고 책임져 주시기 때문입니다.

바울은 누구보다도 확신의 사람이었습니다. 그는 하나님께 나아갈 때 담대함과 확신을 가지고 나아갔습니다.

"우리가 그 안에서 그를 믿음으로 말미암아 담대함과 확신을 가지고 하나님께 나아감을 얻느니라"(엡 3:12).

바울은 하나님께서 자신에게 맡겨 준 사명을 감당할 때까지 능히 지켜 주실 것을 확신했습니다.

"내가 믿는 자를 내가 알고 또한 내가 의탁한 것을 그날까지 그가 능히 지키실 줄을 확신함이라"(딤후 1:12b).

또한 이 세상의 그 누구도, 그 어떤 것도 그리스도 예수 안에 있는 하나님의 사랑에서 끊을 수 없음을 확신했습니다.

"누가 우리를 그리스도의 사랑에서 끊으리요 환난이나 곤고나 박해나 기근이나 적신이나 위험이나 칼이랴"(롬 8:35).

바울은 그 어떤 환난도, 그 어떤 박해도, 그 어떤 가난도, 그 어떤 위험도 그리스도 예수의 사랑에서 끊을 수 없다는 분명한 확신을 가지고 있었습니다. 그래서 이렇게 고백합니다.

"내가 확신하노니 사망이나 생명이나 천사들이나 권세자들이나 현재 일이나 장래 일이나 능력이나 높음이나 깊음이나 다른 어떤 피조물이라도 우리를 우리 주 그리스도 예수 안에 있는 하나님의 사랑에서 끊을 수 없으리라"(롬 8:38-39).

바울은 "내가 기도하노니" 혹은 "내가 바라노니"라고 말하지 않았습니다. 분명히 "내가 확신하노니"라고 했습니다. 왜일까요? 확신을 가지고 나아가야 모든 일을 넉넉히 이길 수 있기 때문입니다.

"그러나 이 모든 일에 우리를 사랑하시는 이로 말미암아 우리가 넉넉히 이기느니라"(롬 8:37).

그 누구도, 그 무엇도, 그 어떤 환경도 그리스도 예수 안에 있는 하나님의 사랑에서 나를 끊을 수 없다는 이 확신을 가진 자가 이깁니다. 간신히 이기는 것이 아니라 넉넉히 이깁니다. 우리의 삶은 영적 전쟁입니다. 이 영적 전쟁에서 하나님의 사랑을 확신하는 자만이 넉넉히 이깁니다. 확신이 승리의 원동력입니다.

확신하는 사람이 이긴다

사탄은 오늘도 이 땅의 모든 권세, 즉 내 주변에 있는 모든 사람과 환경을 동원해 우리를 하나님의 사랑에서 끊으려고 합니다. 그러나 우리는 이 모든 일에 우리를 사랑하시는 이로 말미암아 넉넉히 승리할 것입니다. 현재의 어떤 일도, 닥쳐올 장래의 어떤 사건도, 심지어는 죽음까지도 그리스도 예수 안에 있는 하나님의 사랑에서 우리를 끊을 수 없습니다. 지금 내가 당하는 고난보다, 지금 내가 경험하고 있는 그 어떤 일보다 나를 향한 하나님의 사랑이 더욱 크기 때문입니다.

그러므로 우리는 담대히 외쳐야 합니다.

"나는 나를 사랑하시는 하나님으로 말미암아 넉넉히 승리하리라!"

"이 세상에 하나님의 사랑에서 나를 끊을 수 있는 것은 아무것도 없다!"

이것이 바로 우리가 가져야 할 확신입니다. 확신을 가진 성도가 세상을 이깁니다.

물론 확신이 없는 사람도 기도할 수 있고, 도전할 수 있습니다. 그러나 하나님의 사랑에 대한 확신이 없는 자는 끝까지 기도하지 못합니다. 끝까지 도전하지 못하고 중도에 포기해 버립니다. 확신이 없는 사람은 끝까지 세상을 거부하지 못합니다.

2015년 오륜교회에서 간증하여 많은 이들에게 울림을 주었던 고故 유석경 전도사님이 생각납니다. 전도사님은 선교사로 헌신하고, 신학교에서 공부하던 중 직장암 말기 판정을 받았습니다. 하지만 그 고통스러운 상황 속에서도 하나님을 원망하지 않았습니다. 아니 단 한 번도 '왜?'라는 질문을 하지 않았습니다.

그녀는 말했습니다. "나는 하나님을 이해하는 것이 아니라 하나님을 신뢰합니다." 전도사님은 하나님에 대한 확신, 복음에 대한 확신을 가지고 복음을 전하다 하나님의 부르심을 받았습니다. 이제는 하늘나라에서 하나님과 함께 기뻐하며 평안을 누리는 유석경 전도사님의 메시지는 아직도 많은 이들에게 감동과 도전을 안겨 줍니다.

많은 분들이 "하나님을 원망하냐?"고 물었지만 저는 단 한 번도 하나님을 원망하지 않았습니다. 많은 사람들이 "도대체 왜 너에게 이런 일이 일어났느냐?"고 물었지만 저는 단 한 번도 하나님께 "왜?"라고 질문하지 않았습니다. 왜냐하면 저는 하나님을 이해하는 것이 아니라 신뢰하기 때문입니다. 하나님이 나를 나보다 더 잘 아시고, 나의 필요를 더 잘 아시고, 또 나에게 가장 좋은 것을 주신다는 것을 확신합니다.

저에겐 이 고통의 시간을 통해서 복음의 놀라운 능력을 깨달은 것이 큰 축복이었습니다. 죽음의 문턱에서 느끼는 이 평안과 행복을 경험하면서 저는 더욱 '이 세상에 복음만큼 좋은 것은 없구나!' 하고 확신하게 되었습니다. "곧 죽는다. 그것도 아주 비참하고 고통스럽게 죽는다"는 사람들의 얘기를 듣고도 이렇게 행복하고, 이렇게 평안한 제 자신을 보면서 복음의 능력에 감탄하게 되었습니다.

저는 죽음에 대한 두려움이 전혀 없습니다. 죽게 되었지만, 육신의 고통이 있지만, 이제 죽어서 나를 위해 죽어 주신 예수님을 드디어 만나고, 또 그분과 함께 살게 될 것이라는 기대에 도리어 흥분이 몰려옵니다. 힘들어도 예수 그리스도 때문에 기쁘고, 힘들어도 예수 그리스도 때문에 행복하고, 힘들어도 예수 그리스도 때문에 감사합니다. 이것이 어떻게 가능한가요? 복음 때문입니다.

성령 충만하라
— 요 20:21-23

03

2008년, 배우 차인표 씨가 대만에서 가졌던 팬미팅에서 한 말입니다.

"사람들은 나를 바른 생활 사나이라고 말합니다. 그것은 내가 죄를 짓지 않아서가 아니라 지은 죄를 숨겼기 때문입니다. 너무나 죄를 잘 숨겼기 때문에 사람들은 저를 바른 생활의 사나이라고 불렀던 것입니다.
2001년, "불꽃"이라는 드라마가 대만에서 방영된 후, 많은 사람들이 나를 사랑해 줬습니다. 지난 5년간 대만에 총 다섯 번 방문했는데, 그때마다 많은 사람들이 나를 안아 주고, 사랑한다며 반겨 줬습니다. 나 역시 그들을 안고 사랑한다고 말했습니다. 그 당시에는 그 말이 진실이라고 생각했습니다. 그러나 지금 생각해 보면 내가 그들에게 한 사랑한다는 말은 거짓말이었습니다.

왜냐면 내가 진심으로 그들을 사랑한다면 내가 믿고 있는 구세주 예수에 대해 말해야 했기 때문입니다. 하지만 말하지 못했습니다. 예수를 말하는 순간 인기가 떨어질까 두려웠고, 나를 이상하게 볼까 두려웠고, 재미없다고 일어나서 나갈까 두려웠습니다.

하지만 더 근본적인 이유는 40년간 기독교인이라고 생각하며 살아온 내가 예수님을 만나지 못했기 때문입니다. 감사하게도 2006년 인도 선교여행에서 만났던 가난한 한 아이를 통해 40년간 나를 기다리신 예수님을 인격적으로 만날 수 있었습니다. 그때 나를 향한 하나님의 사랑이 얼마나 큰지 알게 되었습니다. 그 하나님의 사랑이 40년간 나를 기다려 왔다는 사실을 알게 되었습니다. 그래서 저는 지금 이 자리에서 확실하게 말씀드릴 수 있습니다. 예수님은 살아 계십니다. 저에게 일어났던 그 축복이 여러분에게도 동일하게 이루어지기를 바랍니다."

그는 많은 사람들 앞에서 담대하게 자신이 만난 예수를 전했습니다. 그렇습니다. 하나님의 대사로 나아가는 자는 반드시 나를 보내신 주님이 내 죄 때문에 십자가에 달려 죽으셨고, 사흘 만에 사망의 권세를 이기고 부활하셨다는 이 확신이 있어야 합니다.

성령을 받으라

하나님의 대사로 나아가는 자는 반드시 성령을 받아야 합니다. 부활하신 주님은 "나도 너희를 보내노라"고 말씀하신 다음 제자들을 향해 "성령을 받으라"고 하셨습니다.

"이 말씀을 하시고 그들을 향하사 숨을 내쉬며 이르시되 성령을 받으라"(요 20:22).

"성령을 받으라!" 이 말씀은 명령형으로 되어 있습니다. 부활하신 주님께서 내리신 명령입니다. 이것은 선택의 문제가 아닙니다. 그리스도를 대신하여 그리스도의 대사로 세상을 향해 나아가는 자는 반드시 성령을 받아야 합니다.

사도 바울은 에베소 교회를 향한 서신에서 이렇게 말했습니다.

"술 취하지 말라 이는 방탕한 것이니 오직 성령으로 충만함을 받으라"(엡 5:18).

"오직 성령으로 충만함을 받으라!"는 명령입니다. 우리는 과거의 성령 충만을 가지고 오늘을 살아갈 수 없습니다. 그래서 우리에게는 매일매일 성령의 충만함이 필요합니다. 특히 그리스도의 대사, 곧 하나님의 대사로 세상을 향해 나아가는 자들은 반드시 성령의 충만을 받아야 합니다.

왜 성령을 받아야 하는가?

부활하신 주님은 왜 제자들을 하나님의 대사로 세상에 보내면서 성령을 받으라고 말씀하셨을까요? 성령의 역사가 없이는 누구도 복음을 깨달아 알 수 없습니다. 어떤 사역도 열매를 맺을 수 없습니다. 그 누구도 예수를 주라 시인할 수 없습니다. 성령의 역사 없이는 어떤 일도 일어나지 않습니다.

그래서 스가랴 선지자는 이렇게 선포했습니다.

"이는 힘으로 되지 아니하며 능력으로 되지 아니하고 오직 나의 영으로 되느니라"(슥 4:6).

주의 일은 인간의 힘이나 능력으로 되지 않습니다. 머리가 좋고, 인생 경험이 많다고, 혹은 돈이 많다고 해서 되는 것이 아닙니다. 목회를 하면서 철저하게 깨달은 것이 바로 이것입니다. 아무리 최첨단의 전자제품을 구입해도 전원이 공급되지 않으면 무용지물이 되고 맙니다. 마찬가지로 하나님의 사람은 성령이 역사하지 않으면 아무것도 할 수 없습니다.

구약의 삼손을 보십시오. 여호와의 신, 성령이 함께할 때는 나귀 턱뼈를 가지고 천 명의 훈련된 블레셋 군사들을 물리쳤습니다. 이스라엘의 초대 왕인 사울을 보십시오. 주의 신이 함께할 때는 위대한 용장이 되어 전쟁에서 승리했지만 주의 영이 떠나자 악령이 역사하기 시작했고, 그 결과 번뇌하여 잠을 이루지 못했습니다.

예수님의 제자들을 보십시오. 성령을 받기 전에 그들은 그렇게 장담하더니 결국 결정적인 순간에 예수님을 배신하며 떠났습니다. 그 후 주님이 부활하셨다는 소식을 들었고, 빈 무덤까지 확인했지만 유대인들이 두려워 문을 걸어 잠그고 꼭꼭 숨었습니다. 하지만 성령의 충만을 받고 난 다음에는 어떻게 변화되었습니까? 사람을 두려워하지 않았습니다. 예수의 이름을 말하는 것과 감옥에 갇혀 순교하는 것을 두려워하지 않았습니다. 마가의 다락방에서 성령 충만을 받은 베드로가 설교하자 단 한 번에 3천 명이 회개하고 돌아와 세례를 받았습니다. 심지어 예수의 이름으로 명하면 수많은 귀신이 떠나가고, 병든 자들이 고침 받는 기적이 일어났습니다. 성령 충만을 받은 그들이 가는 곳에는 언제나 기적이 일어났습니다.

성령은 생명을 살리는 영이다

창세기 2장에는 하나님께서 첫 사람 아담을 흙으로 지으시고, 코에 생기를 불어 넣는 장면이 나옵니다.

> "여호와 하나님이 땅의 흙으로 사람을 지으시고 생기를 그 코에 불어넣으시니 사람이 생령이 되니라"(창 2:7).

그런데 부활하신 예수님도 제자들을 향해 "숨을 내쉬며 성령을 받으라"고 말씀하셨습니다. 원어적 의미로 보면 '숨'과 '성령'은 동일한 것입니다. 구약 성경에서는 성령을 '루아흐'(㎜)라고 하는데 이는 '바람, 숨, 기운'이라는 뜻을 가지고 있습니다. 그리고 신약에서는 성령을 '프뉴마'($\pi\nu\varepsilon\hat{u}\mu\alpha$)라고 하는데 이는 '하나님의 영, 거룩한 영'이라는 뜻을 가지고 있습니다. 예수님께서 제자들을 향해 "숨을 내쉬며 성령을 받으라"고 말씀하셨는데, 여기서 '숨'은 곧 '성령'을 말합니다.

예수님의 의도는 무엇이었을까요? 그것은 하나님께서 첫 사람 아담의 코에 숨(생기)를 불어넣음으로써 생명을 주셨듯이, 부활하신 예수님도 제자들에게 영적 생명의 숨을 불어넣으심으로 재창조의 사역이 시작되었음을 알렸던 것입니다. 무슨 말입니까? '성령은 곧 생명을 살리는 영'이라는 것입니다.

그렇습니다. '숨'은 곧 '생명'입니다. 숨을 쉬지 못하면 산소가 공급되지 못하기 때문에 죽습니다. 숨이 멎으면 죽는 것, 아무리 건강한 사람이라도 이를 피해 갈 수는 없습니다. 하나님의 영이 곧 숨, 생기입니다. 하나님의 영, 곧 성령이 없는 사람 역시 죽은 사람입니다.

사도 바울은 누구든지 그리스도의 영이 없으면 그리스도의 사람이 아니라고 했습니다.

"누구든지 그리스도의 영이 없으면 그리스도의 사람이 아니라"(롬 8:9).

오늘 내 안에 하나님의 영, 곧 그리스도의 영이 없으면 그 사람은 그리스도의 사람이 아닙니다. 그리스도의 사람이 아닌 자는 하나님의 대사도 될 수 없습니다. 성령이 없는 사람은 영적으로 죽은 자입니다. 영적으로 죽은 자는 하나님의 대사가 아닙니다.

성령은 하나님의 영으로서 생명을 살리는 영입니다. 그래서 성령님이 역사하는 곳에는 치유와 회복과 살아남이 일어납니다. 반면 악한 영은 죽이고 파괴하는 영입니다. 그래서 예수님은 "도둑이 오는 것은 도둑질하고 죽이고 멸망시키려는 것뿐이요"(요 10:10a)라고 말씀하셨습니다. 악한 영이 역사하는 곳에는 언제나 도둑질하고 죽이고 멸망시키는 일들이 일어납니다.

에스겔서에서 골짜기의 마른 뼈들이 하나님의 생기가 불어오자 살아 있는 하나님의 군대가 되었습니다. 에스겔서 47장에는 생명의 물이 나옵니다. 이 생명의 물이 이르는 곳마다 모든 생물들이 살고, 각처에 모든 것이 살아나는 역사가 일어났습니다.

> "이 강물이 이르는 곳마다 번성하는 모든 생물이 살고 또 고기가 심히 많으리니 이 물이 흘러 들어가므로 바닷물이 되살아나겠고 이 강이 이르는 각처에 모든 것이 살 것이며"(겔 47:9).

생명의 물이 흘러갈 때 사막에 강이 흐르게 되었습니다. 생명의 물이 흘러갈 때 풀 한 포기 없던 그 사막에 초목이 무성히 자라기 시작했습니다. 생명의 물이 흘러들었을 때 죽은 바다가 살아나 고기 떼가 살게 되었습니다.

예수님은 이 생명의 물이 바로 성령이라고 말씀하십니다. 예수님은 "나를 믿는 자는 그 배에서 생수의 강이 흘러 나리라"고 말씀하시며, 그 생수의 강을 성령이라고 하셨습니다.

"이는 그를 믿는 자들이 받을 성령을 가리켜 말씀하신 것이라"(요 7:39).

성령은 생명을 살리는 영이십니다. 그러므로 성령의 은혜가 임하면 반드시 그곳에는 살아나는 역사가 일어납니다. 성령의 은혜가 강물처럼 임하면 아무리 메마르고 강퍅한 심령도 다시 살아나고 소생하게 됩니다.

스스로 절대 안 된다고 포기해 버린 사람도 성령의 은혜가 임하면 하나님의 생명으로 다시 태어납니다. 새로운 사람으로 변화됩니다. 천지만물을 창조하신 성령께서 역사하시는데 어찌 죽은 영혼이 살아나지 않겠습니까? 그러므로 어떤 영혼도 포기해서는 안 됩니다. 우리의 포기는 곧 하나님의 성령을 근심시키는 것이기 때문입니다.

복음만이 살린다

그렇다면 부활하신 주님이 우리를 이 세상에 보내신 이유는 무엇일까요?

> "너희가 누구의 죄든지 사하면 사하여질 것이요 누구의 죄든지 그대로 두면 그대로 있으리라 하시니라"(요 20:23).

복음을 전하여 죄 가운데 있는 자들을 구원하기 위함입니다. 예수님은 제자들을 파송하면서 죄를 사하는 권세도 함께 주셨습니다. 보냄 받은 자들이 스스로 사람의 죄를 판단하거나 용서해 주는 권세를 부여받았다는 말이 아닙니다. 하나님은 누구에게도 누군가의 죄를 판단하거나 용서해 줄 수 있는 권세를 주신 적이 없습니다.

베드로가 고넬료의 가정을 방문해 설교했을 때 "그를 믿는 사람들이 다 그의 이름을 힘입어 죄 사함을 받는다"(행 10:43b)고 했습니다. 사도 바울도 비시디아 안디옥에서 복음을 전할 때 "형제들아 너희가 알 것은 이 사람을 힘입어 죄 사함을 너희에게 전하는 이것이며"(행 13:38)라고 했습니다. 이 사람은 예수 그리스도를 말합니다.

부활하신 예수님도 제자들에게 나타나 "그의 이름으로 죄 사함을 받게 하는 회개가 예루살렘에서 시작하여 모든 족속에게 전파될 것이라"(눅 24:47)고 말씀하셨습니다. 성경 어디에서도 어떤 특정한 사람에게 스스로 사람의 죄를 판단하거나 용서해 줄 수 있는 권세를 주신 적이 없습니다.

그렇다면 이 말씀의 의미는 무엇일까요? 보냄을 받은 그리스도의 대사들이 세상에 나아가서 복음을 증거할 때, 그 복음을 믿고 회개하는 자는 하나님께로부터 죄의 용서를 받게 된다는 것입니다. 그러므로 죄 사함의 권세는 베드로가 주님을 향하여 "주는 그리스도시요 살아 계신 하나님의 아들이시니이다"(마 16:16)라고 고백했을 때 베드로에게 주신 천국의 열쇠와 동일한 권세를 말합니다.

"내가 천국 열쇠를 네게 주리니 네가 땅에서 무엇이든지 매면 하늘에서도 매일 것이요 네가 땅에서 무엇이든지 풀면 하늘에서도 풀리리라"(마 16:19).

복음은 이와 같이 사죄의 권세가 있습니다. 복음보다 위대한 권세와 능력이 있습니까? 무엇이 인간의 모든 죄를 사해 줄 수 있습니까? 복음밖에는 없습니다. 복음만이 죄와 죽음의 법에서 해방시킬 수 있습니다. 그러므로 그리스도를 대신하여 그리스도의 대사로 세상에 보냄 받은 우리는 끊임없이 이 복음을 선포해야 합니다. 누구든지 우리가 전하는 이 복음을 듣고 회개하고 예수를 믿으면 모든 죄를 사함 받고 하나님의 자녀가 되는 놀라운 권세를 얻게 됩니다.

하나님이 우리를 그리스도의 대사, 하나님의 대사로 이 세상에 보내신 이유가 무엇입니까? 이 복음을 전하여 세상 사람들이 죄 사함을 얻도록 하기 위해서입니다. 죄 가운데 있는 영혼을 구원하기 위해서입니다. 그러므로 하나님의 대사로 부름 받은 우리는 성령의 충만을 받고, 세상에 나아가서 죄 가운데 있는 자들에게 이 기쁨의 소식, 복음을 전해야 합니다.

2부

하나님 대사의 행동지침

세상 한가운데로 가라
— 눅 10:3

04

예수님은 열두 제자 외에 70명의 전도인을 파송하셨습니다. 영적 추수를 위해서입니다. 그래서 예수님은 "추수할 것은 많되 일꾼이 적으니 그러므로 추수하는 주인에게 청하여 추수할 일꾼을 보내 주소서"(눅 10:2) 하라고 말씀하셨습니다.

  주님은 전도를 추수로 말씀하셨습니다. 하나님께서 심고 이루신 것을 전도인이 복음을 전해 거두는 것이기 때문입니다. 구원은 하나님 아버지께서 계획하셨습니다. 그 아들 예수 그리스도께서 인간의 몸을 입고 이 땅에 오셔서, 십자가에 달려 죽으시고 부활하심으로 우리의 구원을 이루셨습니다. 그리고 성령님께서 임재하심으로 내가 얼마나 엄청난 죄인인가와 더불어 예수님이 나의 구세주가 되심, 즉 이 놀라운 복음을 깨닫게 해주셨습니다. 이에 우리는 순종하며 나아가 복음을 전하고, 영혼을 추수하면 되는 것입니다.

추수에는 때가 있습니다. 마찬가지로 전도, 즉 영혼을 추수하는 일에도 때가 있습니다. 구원의 문은 항상 열려 있지 않습니다. 그러므로 영혼을 추수하는 일을 다음으로 미루지 마십시오. 지금이 은혜 받을 만한 때이고, 지금이 바로 구원의 날입니다. 그러니 오늘 내 곁에 복음을 전할 영혼이 있을 때, 오늘 살아 숨 쉴 때, 그리고 내가 복음을 전할 수 있는 환경에 속해 있을 때 복음을 전해 영혼을 추수해야 합니다. 하나님은 그리스도의 대사로 보냄 받은 우리를 통해 복음이 선포되기를 원하십니다. 그 복음을 듣고 많은 영혼이 주께로 돌아오기를 소망하십니다.

전도는 권면이 아닌 최고의 명령

예수님은 70인의 전도인을 향해 명령하십니다.

"갈지어다 내가 너희를 보냄이 어린양을 이리 가운데로 보냄과 같도다"(눅 10:3).

"갈지어다." 이것은 아주 강한 명령입니다. 희어져 추수하게 된 곡식을 바라보았다면, 즉 구원받아야 할 영혼이 있다면 머뭇거리지 말고 그 영혼을 위해 복음을 들고 나가란 말입니다. 전도는 권면이 아닌 하나님의 명령입니다. 그래서 전도, 곧 영적 추수를 예수님의 지상명령이라고 말합니다.

> "하늘과 땅의 모든 권세를 내게 주셨으니 그러므로 너희는 가서 모든 민족을 제자로 삼아 아버지와 아들과 성령의 이름으로 세례를 베풀고 내가 너희에게 분부한 모든 것을 가르쳐 지키게 하라"(마 28:18b-20a).

마태복음 28장 18-20절은 예수님의 유명한 지상명령입니다. 여기에서 지상은 땅을 말하는 지상地上이 아닙니다. 지상명령至上命令의 한자는 '다할 지, 위 상, 명령 명, 우두머리 령'입니다. 그러니까 지상명령은 '더할 수 없이 높은 명령, 최고의 명령' 즉 'The Great Commission'입니다.

누가 우리에게 이 명령을 하셨습니까? 사망 권세를 이기고 부활하신 주님입니다. 하늘과 땅의 권세를 가진 주님입니다. '하늘의 권세'란 모든 생명과 사망과 복과 저주를 주관하는 권세입니다. 세상의 어떤 권세와도 비교할 수 없는 우주적인 권세입니다. '땅의 권세'란 악한 것들의 결박을 푸는 권세요, 병든 자를 고치는 권세요, 묶인 자를 자유하게 하는 권세입니다.

사망 권세를 이기고 부활하신 주님께서, 하늘과 땅의 권세를 가지신 주님께서 오늘 우리에게 명령하십니다. "갈지어다!" 복음을 들고 가야 합니다. 어떤 목회자는 "전도는 어명이다"라고 말했습니다. 그런데 이 명령을 받고도 꼼짝도 하지 않는 그리스도인이 많습니다.

어떤 목회자는 성도들에게 전도에 대한 부담을 주지 말라고 설교합니다. 일주일 동안 힘들게 세상 속에서 살다가 위로받기 위해 나온 성도들에게 왜 전도에 대한 부담을 주어 스트레스를 받게 하냐는 것입니다. 그러나 이 말은 성경적이지 않습니다. 사람의 귀를 즐겁게 하려는 사탄의 간교한 전략입니다.

주님은 분명히 "갈지어다", "너희는 가라"고 말씀하셨습니다. 사도 바울은 만일 이 주님의 명령에 순종하지 아니하여 "복음을 전하지 아니하면 내게 화가 있을 것이로다"(고전 9:16)고 말했습니다.

전도는 '가는 것'으로부터 시작됩니다. 가려면 발이 움직여야 합니다. 발이 움직이지 않으면 갈 수 없습니다. 바울은 "아름답도다 좋은 소식을 전하는 자들의 발이여"(롬 10:15)라고 말했습니다. 그런데 사람들은 복음을 마음으로만 품고 있습니다. 그러면서 전도는 어렵다고 말합니다. 발이 움직이지 않습니다. 그러나 영혼을 추수하려면 가야 합니다. 전도, 곧 영적 추수는 권면이 아닌 명령입니다. 해도 되고 안 해도 되는 문제가 아닙니다. 반드시 해야만 하는 주님의 최고의 소원이며 지상명령입니다.

어린양을 이리 가운데로

주님은 70인의 전도인을 파송하면서 하나의 비유를 하셨습니다.

"갈지어다 내가 너희를 보냄이 어린양을 이리 가운데로 보냄과 같도다"(눅 10:3).

예수님은 영혼의 추수를 위해 보냄 받은 70인의 전도인을 '어린양'이라고 말씀십니다. 앞서 열두 제자를 파송하실 때도 "양을 이리 가운데로 보냄과 같도다"고 말씀하셨습니다. 예수님은 제자들과 70인의 전도인을 파송하시면서 왜 그들을 '어린양', '양'으로 표현했을까요? 양은 짐승 중에 가장 미련하고, 나약한 짐승이기 때문입니다.

개나 닭과 같은 가축부터 독수리나 미어캣 등의 야생동물까지 모든 짐승은 때가 되면 다 자기의 보금자리를 찾아갑니다. 몇 년 전에는 진도에서 대전으로 팔려 간 진돗개가 천리 길을 달려서 자기 집으로 돌아와 뉴스거리가 되었습니다. 그런데 양은 방향 감각이 없습니다. 때문에 스스로 보금자리로 찾아오지 못합니다.

뿐만 아니라 양은 가장 연약한 짐승입니다. 짐승은 저마다 자기를 방어할 방법과 무기를 가지고 있습니다. 보호색을 만들거나 자기 몸의 한 부분을 날카로운 무기로 삼는 동물도 있습니다. 하지만 양은 스스로를 보호할 어떤 무기도 없습니다. 약한 다리 때문에 빠르게 뛰지 못해서 이리와 늑대 같은 천적이 나타나면 도망가거나 싸우지 못하고 그냥 두려워 떨다가 잡혀 죽고 맙니다. 자기 몸을 방어할 능력이 전혀 없습니다.

또한 양은 스스로 먹이를 구하지도 못합니다. 낙타는 멀리서도 물을 발견하고, 독수리는 먼 거리에서도 먹이를 재빠르게 찾아냅니다.

양은 반드시 목자가 푸른 초장으로, 잔잔한 시냇가로 인도해 주어야만 합니다. 한마디로 양은 목자 없이는 한순간도 살 수 없을 만큼 미련하고 연약한 짐승입니다.

바로 우리가 이런 양과 같습니다. 아니 양 중에서도 가장 연약한 어린양과 같습니다. 우리 힘으로 공중 권세 잡은 자를 이길 수 있습니까? 우리 힘으로 죄를 이기고, 세상의 유혹을 이길 수 있습니까? 우리 힘으로 환난과 핍박을 이길 수 있습니까? 우리 안에 파도처럼 밀려오는 세상의 온갖 두려움을 물리칠 수 있습니까? 절대 그럴 수 없습니다. 밀려드는 두려움 하나 이기지 못해 잠을 이루지 못하는 것이 바로 우리입니다.

그런데 이런 어린양을 주님께서는 "이리 가운데로 보낸다"고 말씀하십니다.

"어린양을 이리 가운데로 보냄과 같도다"(눅 10:3b).

공동번역성경과 우리말성경은 "이리 떼에게"로 번역했습니다. 예수님은 앞서 열두 제자를 파송하면서도 동일한 말씀을 하셨는데 우리말성경은 "늑대 소굴"로 번역했습니다. 이 번역을 적용하면 주님은 하나님의 대사인 우리를 이리 떼가 득실거리는 세상으로, 늑대의 소굴로 보낸 것입니다.

예수님은 세상을 왜 이리 떼와 늑대의 소굴로 비유하셨을까요? 잔

인하고 교활하기 때문입니다. 우리가 보냄을 받은 이 세상을 보십시오. 하나님이 창조하신 세상 속에 살면서도 하나님을 대적하고, 하나님의 이름을 모독합니다. 창조의 질서를 거역합니다. 죄악과 폭력, 거짓과 위선, 탐욕과 음란으로 가득 차 있습니다. 사도 베드로도 "너희 대적 마귀가 우는 사자 같이 두루 다니며 삼킬 자를 찾나니"(벧전 5:8b)라고 말했습니다.

세상을 결코 만만하게 보지 마십시오. 일상적인 대화를 나누거나 평범하게 살 때 세상은 우리를 건드리지 않습니다. 그런데 마음먹고 진리의 말씀을 전해 보십시오. 복음을 들고 나가 보십시오. 세상이 돌연 이리 떼처럼 달려들어 우리를 공격합니다. 주는 것 없이 미워하고 핍박합니다. 이럴 때 내 자신이 이리 가운데 있는 어린양임을 금방 알 수 있습니다.

사도 바울을 보십시오. 그가 복음을 들고 나아가는 곳에는 언제나 복음의 권세와 능력이 나타났습니다. 귀신들이 떠나가고 병든 자들이 고침을 받았습니다. 또한 닫힌 옥문이 열리고 수많은 사람이 예수를 믿으며 주께로 돌아왔습니다.

하지만 복음 증거의 현장엔 어김없이 바울을 핍박하는 자들이 있었습니다. 사도행전 14장에는 바울이 루스드라에서 복음을 전할 때 유대인들이 안디옥과 이고니온에서부터 쫓아와 무리를 충동하여 바울을 돌로 치는 장면이 나옵니다. 바울이 돌에 맞아 쓰러지자 그들은 죽은 줄로 알고 바울을 성 밖으로 끌어 내치고 떠나갔습니다. 사도행전 23장에는 심지어 바울을 죽이기 전까지는 먹지도 마시지도 않겠다며 동맹을 맺은 자들이 40여 명이나 있었습니다.

예수님도 열두 제자를 파송하시면서 "사람들을 삼가라 그들이 너희를 공회에 넘겨주겠고 그들의 회당에서 채찍질하리라 또 너희가 나로 말미암아 총독들과 임금들 앞에 끌려가리니"(마 10:17-18a)라고 말씀하셨습니다. 또 "너희가 내 이름으로 말미암아 모든 사람에게 미움을 받을 것이나"(마 10:22a)라고도 말씀하셨습니다.

우리가 보냄을 받은 이 세상은 이렇게 이리 떼가 우글거리는 세상입니다. 늑대의 소굴과 같은 곳입니다. 그런데 주님은 어린양처럼 미련하고 약한 우리를 "이리 가운데로" 보내셨습니다.

"갈지어다 내가 너희를 보냄이 어린양을 이리 가운데로 보냄과 같도다"(눅 10:3).

여기서 중요한 것은 "가운데로"입니다. 주님은 우리를 이리가 우글거리는 그 한가운데로 보내셨습니다. 잃어버린 한 영혼을 구원하기 위해서는 이리가 우글거리는 그 한가운데로 들어가야만 합니다.

그렇습니다. 죄와 죽음의 법에 매여 불타는 지옥을 향해 달려가고 있는 영혼을 구원하기 위해서는 세상 한가운데로 들어가야만 합니다. 호랑이를 잡으려면 호랑이 굴로 들어가야 하듯이 영혼을 추수하려면 세상 속으로 들어가야만 합니다.

어떤 이들은 세상이 추하고 더럽다며 세상을 멀리 떠나 동떨어진 곳에서 살겠다 합니다. 세상을 외면한 채 기도원이나 수도원에서 농사 짓고, 기도만 하다가 세상을 떠나겠다는 사람도 더러 있습니다. 또 산 좋고 물 좋은 곳에 별장을 지어 놓고, 그곳에서 평생을 살겠다는 사람도 있습니다. 그러나 복음을 위한 사명이 있거나 요양 중에 있는 특별한 상황을 제외한다면 대개는 성경적이지 않습니다.

주님이 우리를 보내신 곳은 세상입니다. 그것도 이리 떼가 우글거리는 한복판으로 보내셨습니다. 그곳에 복음을 들어야 할 영혼이 있고, 구원받아야 할 영혼이 있기 때문입니다. 그러므로 하나님의 대사인 우리는 이제 세상의 한복판으로 나아가야 합니다.

세상에서 어린양으로 살라

생각해 봅시다. 이리와 어린양이 싸운다면 누가 이길까요? 보지 않아도 빤한 결과 아닌가요? 사실 이리와 어린양이 싸운다는 것은 귀신 잡는 해병대와 갓 걸음마를 뗀 어린 아이가 싸우는 것과 같습니다. 애초에 상대가 되지 않는 싸움입니다.

하지만 하늘과 땅의 권세를 가지신 주님은 어린양인 우리를 이리가 우글거리는 세상 한복판으로 보내십니다. 이리 떼와 싸우도록 하기 위해서입니다. 어떻게 이리와 싸워서 승리할 수 있을까요? 어린양이 이리보다 더 포악해지고 잔인해지면 될까요? 아닙니다. 어린양이 이리와 싸워서 승리하는 법은 선으로 악을 이기는 것입니다.

예수님을 보십시오. 겟세마네 동산에서 기도를 마치셨을 때 로마 군사들이 주님을 체포했습니다. 그러자 그것을 지켜보고 있던 의협심 강한 베드로가 칼집에서 칼을 빼내 대제사장의 종 말고의 귀를 떨어뜨렸습니다. 그때 주님은 이렇게 말씀하셨습니다.

"네 칼을 도로 칼집에 꽂으라 칼을 가지는 자는 다 칼로 망하느니라"(마 26:52).

누가복음에서는 "이것까지 참으라 하시고 그 귀를 만져 낫게 하시더라"(눅 22:51)고 기록되어 있습니다. 예수님은 열두 영이나 되는 천사를 동원해 그들을 한순간에 멸하실 수 있지만 그렇게 하지 않으셨습니다.

붙잡힌 예수님은 이사야 선지자의 예언대로 도살장으로 끌려가는 양처럼 이리저리 끌려다니셨습니다. 털 깎는 자 앞에서 잠잠한 양처럼 벌거벗겨지고 고초를 당하셨습니다. 정치 지도자들과 성난 군중들, 로마의 군인들이 이리 떼처럼 달려들어 예수를 조롱하고, 십자가에 못 박았습니다. 하지만 주님은 "아버지 저들을 사하여 주옵소서 자기들이 하는 것을 알지 못함이니이다"(눅 23:34)라고 기도할 뿐이었습니다.

스데반 역시 선으로 악을 이겼습니다. 스데반이 복음을 전하자 성난 유대인들이 이리 떼처럼 달려들어 스데반을 돌로 쳐 죽였습니다.

하지만 그는 돌에 맞아 피를 흘리며 죽어 가면서도 무릎을 꿇고 있는 힘을 다해 이렇게 기도했습니다.

"주여 이 죄를 그들에게 돌리지 마옵소서"(행 7:60).

스데반은 자신을 향해 돌을 던지는 자들을 저주하지 않았습니다. 이리 떼에게 던져진 어린양처럼 죽어 갔습니다. 주님의 섭리는 참으로 신묘막측합니다. 이 일에 앞장섰던 사울이라는 청년은 이후 부활의 주님을 만나 평생 이방인에게 복음을 전하는 사도가 되었습니다.

이렇게 보냄을 받은 어린양은 선으로 악을 이깁니다. 오직 순종과 희생으로 세상을 이깁니다. 아무나 선으로 악을 이기는 것이 아닙니다. 누가 이 악한 세상을 이깁니까? 양으로 사는 자입니다. 양은 목자의 음성을 듣기 때문입니다. 양은 목자가 없으면 하루도 살 수 없다는 것을 알기 때문입니다. 그렇기에 끊임없이 자신을 이리 가운데로 보내신 목자를 믿고 의지하기 때문입니다.

그러므로 양은 이리를 두려워하지 않습니다. 이 세상을 두려워하지 않습니다. 주님의 자녀는 세상에서 믿음으로 이기는 어린양으로 삽니다.

오늘도 "두려워하지 말라", "염려하지 말라", "내가 세상 끝날까지 너희와 항상 함께 있으리라"는 목자의 음성을 듣습니다. 내 안에 계신 성령께서 나를 도우실 것을 믿습니다. 하늘과 땅의 권세를 가진 주님께서 세상 끝날까지 나와 함께하실 것임을 믿습니다.

부활하신 주님은 오늘 우리에게 명령하십니다. "갈지어다." 이제 마음으로만 품지 말고, 담대하게 세상 한가운데로 가라고 하십니다.

"내가 너희를 보냄이 어린양을 이리 가운데로 보냄과 같도다"(눅 10:3).

우리는 가야 합니다. 비록 어린양처럼 우둔하고 연약할지라도 이리 떼가 우글거리는 세상 속으로 가야 합니다. 우리가 가야 하는 길은 결코 꽃길이 아닙니다. 좁은 길입니다. 십자가의 길, 순교자의 길입니다. 이제 하나님의 어린양으로 세상에 보냄 받은 하나님의 대사인 우리는 이리가 우글거리는 세상 한가운데로 담대하게 나아가야 합니다. 그것이 하나님 대사의 행동지침이며, 그렇게 나아갈 때 우리는 반드시 세상을 이길 것입니다.

하나님만 의지하라
— 눅 10:4

05

전대, 배낭, 신발을 가지지 말라

"전대나 배낭이나 신발을 가지지 말며 길에서 아무에게도 문안하지 말며"(눅 10:4).

누가복음 10장 4절은 두 가지 행동지침에 관한 말씀입니다. 예수님은 영적 추수를 위해 나아가는 자들에게 구체적인 행동지침을 주셨습니다.

"전대나 배낭이나 신발을 가지지 말며."

어린양으로서 세상 이리 가운데로 나아갈 때 '전대'나 '배낭', '신발'을 가지지 말라는 것이 첫 번째 행동지침입니다. 전대는 '돈 주머니' 즉 '지갑'을 말합니다. 예수님은 이보다 앞서 열두 제자를 파송할 때도 동일하게 말씀하셨습니다.

"너희 전대에 금이나 은이나 동을 가지지 말고"(마 10:9).

'전대를 가지지 말라'는 말은 곧 '돈을 가지지 말라'는 뜻입니다. 그런데 돈 없이 여행할 수 있나요? 여행하는 자에게는 돈이 필수입니다.

아이들이 어릴 때, 해외로 가족여행을 간 적이 있습니다. 현지 교회를 섬기던 전도사님 말만 듣고 신용카드와 소액만 환전해서 가져갔습니다. 그런데 막상 현지에 도착해 보니 신용카드를 받는 곳이 별로 없었습니다. 어느 식당에서는 카드 결제가 되지 않아 길거리에서 구운 옥수수를 사 먹어야 했습니다. 여행하는 데 필요한 편리를 누릴 수가 없으니 여간 불편한 게 아니었습니다.

선교도 마찬가지입니다. 선교사님들도 돈이 없으면 선교에 필요한 사역을 할 수가 없습니다. IMF 때 교회에서 누가 가장 큰 어려움을 겪었습니까? 선교사님들입니다. 그들이 복음을 전하고자 하는 곳에서 재정은 필수불가결한 자원입니다. 그런데도 예수님은 전대를 가지지 말라고 하십니다.

예수님은 또 배낭을 가지지 말라고 하십니다. 배낭은 가죽자루를 말합니다. 당시 목자들과 여행자들은 이 가죽 자루에 먹을 양식이나 생활에 필요한 용품 등을 넣고 다녔습니다. 우리도 여행할 때 배낭이나 캐리어부터 챙깁니다. 그 안에 옷과 세면도구, 간식거리와 필요한 물품 등을 챙깁니다. 만약 여행 중에 가방을 분실하거나 항공기 경유 시 오류가 생겨 짐이 도착하지 않으면 얼마나 불안하고 불편한지 모릅니다. 배낭이 여행하는 사람에게 필수라는 사실은 두말하면 잔소리입니다. 그런데도 예수님은 70인의 전도인과 열두 제자를 파송하면서 배낭도 가지지 말라고 말씀하셨습니다.

또 예수님은 신발도 가지지 말라고 말씀하셨습니다. 신발을 가지지 말라는 말은 맨발로 다니라는 말이 아닙니다. 당시의 신발은 오늘날과 달리 금방 닳기 때문에 여행자는 반드시 여분의 신발을 준비해야 합니다. 우리도 여행할 때 상황에 맞게 필요한 신발들을 준비합니다. 그런데 주님은 영혼의 추수를 위해 떠나는 전도인들에게 신발을 가지지 말라고 말씀하셨습니다. 이렇듯 예수님은 70인의 전도인에게 전대와 배낭 그리고 신발, 이 세 가지를 가지지 말라고 말씀하셨습니다.

주님이 책임져 주신다

주님은 왜 여행에 필요한 최소한의 물품까지도 가지지 못하게 하셨을까요? 철저하게 하나님만 의지하도록 하기 위함입니다. 주님께서 책임져 주심을 깨닫게 하시기 위해서입니다. 어린양의 모습으로 이리 가운데로 나아가는 자는, 그리스도의 대사로 세상을 향해 나아가는 자는, 복음을 증거함으로써 영적인 추수를 하고자 하는 자는 철저하게 하나님만 의지하고 나아가야 합니다. 그래야 현장에서 하나님의 공급하심을, 하나님의 채우심을, 하나님의 돌보심을, 하나님의 보호하심을 경험할 수 있습니다.

그런데 사람은 모든 것이 잘 갖추어져 있으면 그다지 하나님을 의지하지 않습니다. 수중에 돈이 있으면 자신도 모르게 보이지 않는 하나님보다 돈을 더 의지하게 됩니다. 삶의 여유가 생기면 가장 먼저 기도의 간절함이 사라집니다. 예배의 자리에서 멀어져 갑니다. 복음을 전하는 사람도 지갑이 두둑해지면 하나님보다 돈을 더 의지하게 됩니다. 그러나 편안하게 살면 사역에 열매가 없습니다.

오륜교회가 올해로 설립 30년이 되었습니다. 우리 교회는 1989년 3월 25일 강동구 길동에 있는 한 상가를 얻어 설립 예배를 드렸습니다. 건물 2층에 40평을 얻어 중고 합판으로 칸을 막아 절반은 사택으로, 절반은 예배당으로 사용했습니다. 그런데 교회를 개척할 때 수중에 돈이 없었습니다. 있는 돈이라고는 세 들어 있는 집의 전세금 1,200만 원이 전부였습니다. 나머지 부족한 돈은 대출을 받고 돈을 빌려서 메웠습니다. 이렇게 없는 가운데서 교회를 개척했지만 그때 몇 가지 다짐한 것이 있습니다.

하나는 개척 멤버 없이 깨끗하게 시작해 보자는 것이었습니다. 교역자 생활을 몇 년 하다 보니 교회 안에 야당들이 참 많음을 알았습니다. 그 사람들을 설득해 교회를 개척했다면 편했을 것입니다. 하지만 그렇게 하지 않았습니다.

또 하나는 다른 사람의 도움 없이 오직 하나님만 의지해 보자는 것이었습니다. 교회의 주인은 하나님이시기 때문입니다. 당시 노회에 개척교회 보조금을 신청하면 매월 5만 원을 주었습니다. 사실 없는 형편에 몇 번이고 신청할까 말까 망설이다 그만두었습니다. 돈 없이 개척하다 보니 저보다 제 아내가 마음고생을 참 많이 했습니다.

아내는 주일 점심을 준비하기 위해 토요일이면 동료 선생님에게 5천 원을 빌렸습니다. 그리고 퇴근하는 길에 시장에 들러 호박과 다시다, 국수를 샀습니다. 그것으로 성도들에게 점심을 대접한 것입니다. 그리고 월요일이면 주일에 들어온 헌금으로 빌린 5천 원을 갚았습니다. 때로는 출근을 해야 하는데 토큰이 없어 발을 동동 구른 적도 있었고, 아이 분유가 떨어졌는데 분유 살 돈이 없어 안타까워할 때도 있었습니다.

그럴 때마다 하나님께서 까마귀를 보내 주셨습니다. 한번은 아들에게 먹일 분유가 떨어져 안타까워하고 있는데 우연히 예전에 알던 사람을 길에서 만나게 되었습니다. 그분은 자기 집에서 차 한 잔 하자고 권유했고, 졸지에 심방을 하게 되었습니다. 그리고 심방을 마치고 나올 때 그분이 분유 살 돈을 쥐어 주었습니다.

가난하게 교회를 개척했지만 사람 의지하지 않고, 돈 의지하지 않고, 하나님만 의지했더니 하나님께서 책임져 주셨습니다. 지금 돌이켜보면 성도 없이, 누구의 도움도 받지 않고 교회를 개척한 것이 얼마나 감사한지 모릅니다. 제 인생에서 가장 잘한 일은 지금의 제 아내를 만난 것이고, 또 하나는 가난한 가운데서도 하나님만 의지하고 교회를 개척한 것입니다.

누가 현장에서 하나님의 채우심과 돌보심을 경험하며 살아갑니까? 누가 하나님의 책임져 주심을 간증하며 살아갑니까? 말씀에 순종하여 철저하게 하나님만 의지하는 자입니다. 끝까지 사람을 의지하지 않고, 돈을 의지하지 않고, 말씀을 붙들고 하나님만 의지하는 자입니다.

부족한 것이 없었나이다

이렇게 예수님의 말씀대로 배낭과 전대와 신발을 가지지 않고 나아갔던 자들은 어떻게 되었을까요? 지나가는 사람들에게 구걸하면서 걸인으로 살았을까요? 영양실조에 걸려 굶어 죽었을까요? 아닙니다. 부족함이 없었습니다. 주님이 책임져 주셨습니다.

예수님은 십자가를 지기 전 제자들과 최후의 만찬을 가지신 뒤 제자들에게 이렇게 물었습니다.

"그들에게 이르시되 내가 너희를 전대와 배낭과 신발도 없이 보내었을 때에 부족한 것이 있더냐"(눅 22:35a).

그랬더니 제자들이 뭐라고 대답했습니까?

"이르되 없었나이다"(눅 22:35b).

제자들은 예수님의 말씀을 따라 아무것도 가지고 가지 않았지만 복음 전파의 사역을 감당함에 있어 부족함이 없었습니다. 현장에서 하나님의 공급하심을, 돌보심을 경험한 것입니다. 주님께서 온전히 책임져 주신 것입니다. 오늘날 그리스도인들에게도 이런 은혜의 간증이 있기를 바랍니다.

그렇다면 주님은 왜 최후의 만찬 석상에서 제자들에게 "부족한 것이 있더냐?"고 물으셨을까요? 십자가를 지기 전 가장 엄숙하고 중요한 만찬의 순간에 제자들에게 과거의 경험을 회상하게 하는 질문을 하신 이유는 무엇일까요?

제자들은 계속 복음 전파의 사역을 감당해야 했습니다. 때문에 철저하게 하나님만 믿고 나아가면 부족함 없는 은혜를 경험하게 될 것임을 가르쳐 주고자 하신 것입니다. 하나님을 전적으로 의지하면 주님께서 책임져 주신다는 확신을 갖도록 하기 위해서입니다.

그렇습니다. 전도, 즉 영적 추수는 영적 전쟁입니다. 영적 전쟁의 승패는 하나님을 얼마나 의지하느냐에 달려 있습니다. 우리는 철저히 하나님만 의지해야 합니다. 하나님께서 반드시 책임져 주실 것입니다.

다가올 혹독한 시련을 대비하라

간혹 전대와 배낭, 신발을 가지지 말라는 말씀을 잘못 적용하는 사람들이 있습니다. 지나치게 급진적인 이들은 "전도자는 지갑도, 배낭도 갖지 말고, 신발도 없이 살아라!"고 말합니다. 심지어 선교사님들에게 "선교비가 없어야 현장에서 하나님의 채우심을 경험할 수 있다"며 선교비를 끊어 버리는 사람도 있습니다.

그런데 "전대와 배낭과 신발을 가지지 말라"는 말은 "선교비를 주지 말아야 한다", "복음 전하는 자는 가난하게 살아야 한다", "예수 믿는 사람은 가난하게 살아야 한다"는 뜻이 아닙니다. 우리는 이렇게 성경을 극단적인 문자적 해석으로 오해하면 안 됩니다.

연이어 계속되는 주님의 말씀을 보면 이 사실을 더욱 확실히 알 수 있습니다. 예수님은 70인의 전도인을 파송하면서 이렇게 말씀하셨습니다.

"그 집에 유하며 주는 것을 먹고 마시라 일꾼이 그 삯을 받는 것이 마땅하니라"(눅 10:7a).

예수님은 당당하게 '그 집에 유하며 주는 것을 먹고 마시라'고 하십니다. 이는 복음을 위해 사는 자들을 적극 도우라는 의미로 해석할 수 있습니다. 전도자는 청빈해야 하지만 전도자(일꾼)가 그 삯을 받는 것이 마땅하기 때문입니다.

예수님은 최후의 만찬 석상에서 "내가 너희를 전대와 배낭과 신발도 없이 보냈을 때 부족한 것이 있더냐"라고 물으신 다음 제자들이 "없었나이다"라고 대답하자 곧이어 이렇게 말씀하셨습니다.

"이르시되 이제는 전대 있는 자는 가질 것이요 배낭도 그리하고 검 없는 자는 겉옷을 팔아 살지어다"(눅 22:36).

앞에서 예수님이 말씀하신 내용과 정반대의 명령입니다. 이런 말씀을 하신 이유는 주님이 십자가에 달려 죽음으로 세상을 떠나게 되면, 세상은 그들을 더 강력하게 핍박할 것이므로 철저하게 준비해야 하기 때문입니다. "검을 사라"는 말은 문자 그대로 칼로 무장하고, 싸우라는 말이 아닙니다. 하나의 은유적 표현입니다. 예수님은 자신이 승천한 후에도 복음의 군사 된 자들이 흔들림 없이 세워져 있기를 바라셨습니다. 복음을 전하는 자들에게는 '겉옷'을 팔아야 할 만큼 혹독한 고난과 시련의 때가 올 것입니다. 그러므로 이 말씀은 닥칠 고난의 때를 단단히 대비하라는 말입니다.

성경을 해석할 때 문자적으로 해석해야 할 때가 있습니다. 하지만 더 중요한 것은 문맥에 따른 해석입니다. 왜 주님께서 이 말씀을 하셨는지, 하나님께서 주시고자 하는 진정한 메시지가 무엇인지 알아야 합니다. 세상을 향해 나가는 전도인에게 아무것도 줄 필요가 없다든지, 검을 사서 싸움을 준비해야 한다든지 하라는 말씀이 아닙니다.

우리는 겸비하여 하나님의 얼굴을 구하며, 주님의 말씀 앞에 순종하며 나아가야 합니다. 세상이라는 무대에 파송된 우리는 철저하게 하나님을 의지하는 삶을 살아야 합니다. 다가올 혹독한 고난을 준비해야 합니다. 그러면서 현장에서 하나님의 채우심과 돌보심을 경험하며 살아야 합니다. 참된 믿음은 결코 배신하지 않습니다. 우리의 삶은 하나님께서 책임져 주십니다.

구원은 긴급한 일이다

"길에서 아무에게도 문안하지 말며"(눅 10:4b).

위의 말씀은 예수님이 70인의 전도인을 파송하며 말씀한 두 번째 행동지침입니다. 이 말씀은 사람들에게 인사를 하거나 받지도 말고, 무례히 행해도 된다는 뜻이 아닙니다. 예수 믿는 사람은 인사를 잘해야 합니다. 무례히 행해서는 안 됩니다. 누구보다 더 친절해야 합니다.

전통적으로 유대인들의 인사는 가벼운 몸짓과 몇 마디 말만으로 끝나지 않습니다. 안부를 묻고, 축복을 교환하는 장황한 인사말과 함께 포옹하고, 입맞춤도 합니다. 때문에 상당히 많은 시간이 걸립니다.

이 말씀은 예외적인 인사까지 금한 것이 아닙니다. 영혼을 추수하러 가는 자는 불필요한 의식이나 인사로 방해받거나 늦어지는 일이 있어서는 안 된다는 의미입니다. 전도는 영적인 추수이고, 추수는 때가 중요한 만큼 시간을 낭비하는 것은 어리석은 일입니다. 영혼을 구원하는 일은 무엇보다 긴급하고, 시급한 일입니다.

그리스도의 대사인 우리에게 주어진 영혼 구원의 사명이 길거리에서 문안하며 시간을 보낼 만큼 한가하지 않습니다. 추수의 때는 일 분 일 초가 중요합니다. 그때를 놓치면 한 해 농사가 허사가 됩니다. 때문에 영혼을 구원하는 일은 가장 중요하고, 시급한 일입니다.

그렇습니다. 당신에게 있어 제일 중요하고 시급한 일은 바로 당신의 가족과 곁에 있는 동료가 예수 그리스도를 통해 구원받는 일입니다. 그들에게 복음을 전하는 일을 주저하지 마십시오. 예수 그리스도의 진리와 사랑을 전하는 데 두려워하지 마십시오. 하나님이 일하십니다! 성령께서 함께하십니다! 예수 그리스도의 말씀의 능력이 그 영혼을 변화시킬 것입니다.

기억하십시오. 하나님의 대사가 세상으로 나갈 때는 세상 사람이 의지하는 것과 똑같은 것을 의지하면 안 됩니다. 오로지 하나님만 의지하십시오, 그리고 시간을 허비하지 말고 시급하게 주저함 없이 실행해 나가십시오.

푯대를 향해 달려가라

— 빌 3:12-14

지난 1989년에 설립 예배를 드린 오륜교회가 걸어온 30년을 돌이켜 보면, 한 편의 드라마를 보는 것 같습니다. 모든 것이 꿈만 같습니다. 우리 교회는 특별한 멤버 없이 재수생 두 명과 함께 개척 예배를 드렸는데 이제는 1만 8,000명이 주일 예배를 드리는 교회로 성장했습니다.

1998년부터 시작된 '다니엘 기도회'는 이제 1만 1,000여 교회가 함께하는 한국 교회의 진정한 연합 기도회로 자리매김을 하고 있습니다. 다음 세대를 위해 세워진 '사단법인 꿈이 있는 미래'는 3,000여 교회가 그 콘텐츠를 이용할 만큼 빠른 속도로 성장하고 있습니다. 어려움 가운데 인수한 영훈 초·중·고등학교는 5명의 교목을 두고 자원하는 학생들을 대상으로 채플을 드리는 한편, 기독교 동아리 활동을 통해 진정한 미션스쿨로 자리를 잡아 가고 있습니다. 또한 영훈학교와는 별개로 2019년 3월 9일, 기독교 가치관과 세계관으로 무장한 그리스도의 용사를 세우고자 '꿈미 대안학교'가 새롭게 시작되었습니다.

뿐만 아닙니다. 2007년부터 시작된 '사모 리조이스'는 목회 현장에서 이러저러하게 상처를 받고 힘들어하는 7,345명의 사모님들에게 쉼과 회복을 얻게 하고 있습니다. 20주년 기념으로 세워진 'IDOS 인터넷꿈희망터'는 연 40만 명 이상의 청소년들을 상담하고 치유하며 돌보는 일을 하고 있습니다. '사단법인 프렌즈'는 학교 사역과 우물 사역 등을 비롯해 13개국 976명의 아동들을 돕고 있고, '섬김과 나눔 위원회'에서는 독거노인, 다문화 가정, 탈북자, 소년소녀 가장 등 연 300명을 섬기고 있습니다. 또한 '의료선교회'에서는 주일마다 외국인 근로자, 다문화 가정을 대상으로 양질의 진료와 상담을 하고 있습니다. 이렇듯 오륜교회는 1년에 60억 원 이상의 재정을 구제와 선교에 흘려보내고 있습니다.

이렇게 하나님께서는 오륜교회를 한국 교회를 섬기며 동시에 새로운 대안을 제시하는 교회로 세워 주셨습니다. 특히 다음 세대를 일으키고, 가정을 치유하며, 주의 오실 길을 예비하는 교회로 세워 주셨습니다. 이 모든 일을 하나님께서 이루셨습니다. 지난 30년을 멈추지 않고 달려왔습니다. 오직 하나님이 주신 비전을 따라 달리고 또 달려왔습니다. 이 모든 것이 하나님의 은혜였습니다.

나는 달려가노라

성경을 보면 예수님을 만난 이후 죽음의 순간까지 끊임없이 달려간 사람이 있습니다. 바로 사도 바울입니다. 본문에서 "달려가노라"는 표현이 두 번 나옵니다.

"내가 그리스도 예수께 잡힌 바 된 그것을 잡으려고 달려가노라"(빌 3:12b).
"부름의 상을 위하여 달려가노라"(빌 3:14b).

사도 바울은 다메섹 도상에서 부활하신 주님을 인격적으로 만났습니다. 이후 끊임없이 달려가는 인생을 살았습니다. 주님을 처음 만난 순간부터 죽음이 임박한 순간까지 변함없었습니다. 바울은 자신이 살아온 인생을 회고하며 이렇게 고백했습니다.

"나는 선한 싸움을 싸우고 나의 달려갈 길을 마치고 믿음을 지켰으니"(딤후 4:7).

사도 바울은 죽음 바로 직전에 자신이 살아온 인생을 돌아보며 "내가 선한 싸움을 싸우고 나의 달려갈 길을 마쳤다"고 했습니다. 바울은 인생을 회고하며 '걸어온 인생'이라고 말하지 않고, '달려갈 길을 달린 인생'이라고 말했습니다.

사도행전에서 바울은 주님을 만난 이후 안디옥에서 구브로 섬, 버가, 이고니온, 루스드라, 더베, 드로아, 빌립보, 데살로니가, 베레아, 아덴, 고린도, 에베소, 예루살렘, 나중에는 로마에까지 달려가는 인생을 살았습니다. 인생은 길입니다. 인생은 걷고 달리는 길입니다. 성경에 등장하는 하나님의 사람들은 죽는 날까지 자신의 사명에 충실하며 달려가는 인생을 살았습니다.

왜 달려야 하는가?

첫째, 구원을 이루어 가는 과정에 있기 때문입니다.

"내가 이미 얻었다 함도 아니요 온전히 이루었다 함도 아니라"(빌 3:12a).

바울은 다메섹 도상에서 너무나 분명하게 부활하신 주님을 만났습니다. 누구보다도 확실하게 구원을 받았습니다. 누구보다도 많은 사람에게 복음을 전하며 교회를 세웠고, 삼층천三層天까지 다녀오는 등 누구보다 많은 기적과 영적 체험을 했습니다. 그런데도 바울은 이렇게 말합니다.

"내가 이미 얻었다 함도 아니요 온전히 이루었다 함도 아니라."

바울은 자신이 아직 구원의 완성에 이르지 못했다고 말합니다. 그리스도와 완전한 연합, 즉 부활은 아직 이루어지지 않았다고 얘기합니다. 그리스도의 장성한 분량에까지 믿음이 자라야 하는데 아직 그렇게 자라지 못한 것입니다. 주님을 온전히 닮은 거룩한 성화가 이루어지지 않은 것입니다.

이 말은 구원을 받았고 구원의 확신도 가지고 있지만, 지금 구원을 이루어 가는 과정에 있다는 뜻입니다. 그래서 지금 주님을 온전히 닮아 가기 위해서, 구원의 완성을 위해서 달려가고 있다는 것입니다.

구원받은 자는 계속적으로 자신의 구원을 이루기 위해 달려가야 합니다. 바울은 빌립보 교인들에게 "항상 복종하여 두렵고 떨림으로 너희 구원을 이루라"(빌 2:12b)고 말했습니다. 우리는 이미 구원받았습니다. 하지만 여전히 구원을 이루어 가야 할 존재들입니다. 때문에 우리는 오늘도 구원받은 자로서 구원을 위해 달려가야 합니다.

둘째, 달리지 않으면 넘어지기 때문입니다.

우리가 끊임없이 달려가는 삶을 살아야 하는 이유가 무엇입니까? 달려가는 인생을 살지 않으면 넘어지기 때문입니다. 자전거 페달을 지속적으로 밟지 않으면 아무리 자전거를 잘 타는 사람이라도 넘어지고 맙니다. 우리의 인생과 신앙도 마찬가지입니다. 달려가지 않고 멈추면 넘어질 수밖에 없습니다.

인생은 속도보다 방향이 중요합니다. 맞습니다. 백번 강조해도 틀린 말이 아닙니다. 그렇다고 속도를 무시해도 된다는 것은 결코 아닙니다. 예수를 믿고 거듭난 사람은 인생의 방향을 주님께로 정한 사람입니다. 저 천성을 향해 나아가는 사람들입니다. 방향이 분명합니다.

만약 천국을 향해 가고 있다고 말하면서도 속도를 내지 않고, 그 자리에 멈추어 서 있다면 필시 넘어지고 말 것입니다.

그런데 주변을 둘러보면 속도를 내지 않고 멈추어 선 사람들이 의외로 많습니다. 구원의 확신이 분명해서인지 '이만하면 됐다'고 생각하는 사람들이 있습니다. 혹 여러 가지 이유로 멈추어 있습니까? 오늘 이후로 다시 일어나 함께 달려갈 수 있기를 바랍니다.

달리지 않으면 넘어진다

달리지 않고 천천히 아주 느긋하게 걷는다면 무슨 일이 생길까요?

첫째로 너무나 많은 세상의 것들이 보이기 시작할 것입니다. 이전에 보이지 않던 세상의 것들입니다. 에덴동산에서 아담과 하와가 먹은 선악과처럼 먹음직하고 보암직하고 지혜롭게 할 만큼 탐스럽게 보이는 것들입니다. 바로 그 보이는 것에 우리의 마음과 생각을 빼앗기게 되는 것입니다. 그렇게 되면 결국 주님보다 세상을 더 사랑하게 되고, 마침내 실족하여 넘어지고 맙니다. 함께 신앙생활을 하던 분들 중에 어떤 사람이 시험에 들고, 신앙의 행진에서 낙오하던가요? 속도를 늦추는 사람들입니다.

뉴질랜드에는 키위라는 새가 있습니다. 부리가 긴 이 새는 앞을 보지 못하고, 날지도 못합니다. 키위는 살고 있는 곳이 화산지대여서 뱀이나 파충류 따위의 천적이 없고 먹이가 풍부하다 보니 굳이 날아

다닐 필요가 없습니다. 그렇다 보니 날개와 눈의 기능이 퇴화해 버렸습니다. 육체의 기능도 사용하지 않으면 퇴화하고, 재능도 사용하지 않으면 사라지고 맙니다. 그래서 농담처럼 30세가 넘으면 밥 먹는 근육과 수다 떨고 잔소리하는 근육만 남는다는 말이 있습니다. 성령의 은사도 사용하지 않으면 소멸됩니다. 고인 물이 썩듯이 인간도 안주하면 타락하게 되어 있습니다.

그래서 바울은 죽는 날까지 달려가는 삶을 살았습니다. 달려가지 않는 인생은 넘어지고 맙니다. 대형 교회와 목회자와 성도들이 왜 넘어져서 이렇게 세상으로부터 지탄을 받고 있습니까? '이만하면 되었다'는 생각 때문입니다. 이만하면 되었다는 생각 때문에 안주하고 도전하지 않기 때문입니다.

어쩌면 저도 지금이 안주할 수 있는 상황입니다. 30년 넘게 쉼 없이 달려왔으니까 좀 쉬어도 된다고 생각할 수 있습니다. 그러나 저는 달리기를 멈추면 넘어짐을 알고 있기에 오늘도 분연히 자리에서 일어나 뛰어나갑니다. 만약 제가 오늘 이 상황에, 지난 30년의 부흥과 성장에 안주하고 도전하지 않는다면, 오륜교회 역시 썩고 병들고 말 것입니다. 머지않아 생명력을 잃고 화석화된 교회, 종교인들만 북적거리는 교회가 되고 말 것입니다. 그러므로 저는 오늘도 멈추지 않고 달려 나갑니다.

둘째, 사탄의 공격을 받게 됩니다. 믿음의 행진에서 뒤처지게 되면 반드시 사탄의 공격을 받게 됩니다. 사탄의 밥이 되는 것입니다. 출애굽 한 이스라엘 백성이 가나안 땅을 향해 나아갈 때 아말렉이 이스라엘 백성을 공격했습니다.

"곧 그들이 너를 길에서 만나 네가 피곤할 때에 네 뒤에 떨어진 약한 자들을 쳤고"(신 25:18a).

구약 성경에 나오는 아말렉은 하나님을 대적하는 악을 상징합니다. 아말렉이 구원받고 가나안을 향해 나아가는 이스라엘 백성을 어떻게 공격했습니까? 비열하게도 피곤하여 행군 대열에서 뒤처진 자들을 공격했습니다. 천성을 향해 나아가는 믿음의 대열에서 이탈한 자들을 공격했습니다. 그들은 무리에서 뒤처져 낙오한 자들이었습니다.

신앙의 행진에서 사탄의 공격을 받지 않으려면 이런저런 이유를 대며 뒤처져서는 안 됩니다. 군에서 행진할 때 뒤처진 병사가 있으면 어떻게 합니까? 부대원 전체가 전우애를 발휘해 군장과 총을 대신 메고, 부축하며 함께 행진을 계속합니다. 마찬가지입니다. 저는 이 땅의 모든 성도가 홀로 걷지 말고, 뒤처진 자가 있으면 붙잡아 일으켜 세워 주며 함께 저 천성을 향해 달려갈 수 있기를 바랍니다.

누가 달려가는 인생을 사는가?

첫째로, 사명이 분명한 자입니다.

"내가 그리스도 예수께 잡힌 바 된 그것을 잡으려고 달려가노라"(빌 3:12b).

바울은 그리스도 예수께 잡힌 바 된 그것을 잡으려고 달려간다고 말합니다. 그리스도 예수께 잡힌 바 된 그것은 무엇일까요? 사명입니다. 바울은 사명을 주 예수께 받은 것이라고 말했고, 그 사명을 위해 달려간다고 했습니다.

"내가 달려갈 길과 주 예수께 받은 사명"(행 20:24a).

하나님의 형상대로 지음 받은 인간이 짐승과 다른 점이 있다면 그것은 바로 소명과 사명입니다. 소명은 부르심이고 사명은 보내심입니다. 하나님은 자신의 거룩한 영광을 위하여 우리를 부르셨고, 우리를 이 세상에 보내셨습니다. 그러므로 하나님의 거룩한 부르심을 받고 하나님의 대사로 보내심을 받은 우리는 이제 이 세상에 나아가 맡겨진 사명을 감당해야 합니다.

사명에는 기본적 사명, 다른 말로 하면 스스로의 사명이 있고, 주 예수께로부터 받은 사명이 있습니다. 스스로의 사명은 하나님께서 우리에게 주신 달란트와 깊은 연관성이 있고, 우리의 직업과 밀접한 관련이 있습니다. '내가 어떤 직업을 갖고 어떤 사람이 되겠다'는 것은 기본적 사명입니다.

예수님을 인격적으로 만난 자들에게는 주님으로부터 주어지는 또 하나의 사명이 있습니다. 이것을 바울은 "주 예수께 받은 사명"이라고 말합니다.

"내가 달려갈 길과 주 예수께 받은 사명 곧 하나님의 은혜의 복음을 증언하는 일을 마치려 함에는 나의 생명조차 조금도 귀한 것으로 여기지 아니하노라"(행 20:24).

주 예수께 받은 사명은 은혜의 복음을 증언하는 일입니다. 하나님의 대사로 보냄을 받은 우리는 무엇을 하든지 복음을 위해 살아야 합니다. 목사와 선교사만 복음을 위해 사는 것이 아닙니다. 우리는 어떤 직업이나 어떤 달란트를 가지고 있든지 다 복음을 위해 살아야 합니다. 그래서 주 예수께로부터 받은 사명, 곧 은혜의 복음을 증언하는 일을 감당하며 살아가는 축복을 누려야 합니다. 또 이 사명 때문에 달려갈 수 있기를 바랍니다.

둘째로, 푯대를 향하여 나아가는 자입니다.

"푯대를 향하여 그리스도 예수 안에서 하나님이 위에서 부르신 부름의 상을 위하여 달려가노라"(빌 3:14).

달리는 자에게는 푯대가 있어야 합니다. 그렇다면 우리 인생의 푯대는 무엇일까요? 첫째는 예수 그리스도입니다. 예수 그리스도가 우리 삶의 푯대입니다. 예수 그리스도가 내 삶의 이유이며 내 인생의 해답이기 때문입니다. 히브리서 기자는 "믿음의 주요 또 온전하게 하시는 이인 예수를 바라보자"(히 12:2)라고 했습니다.

예수님이 우리 인생의 푯대입니다. 우리는 이 땅에 사는 동안 '예수님이라면 어떻게 하셨을까?'라는 질문을 늘상 던지며 살아야 합니다. 예수님을 닮은 작은 예수로 살아야 합니다. 제자훈련을 받는 이유가 무엇입니까? 교육 과정을 밟기 위해서입니까? 아닙니다. 예수님을 닮기 위해서입니다. 예수님처럼 살아가기 위해서입니다. 예수 그리스도가 삶의 이유가 되는 사람은 달려가는 인생을 살아갑니다.

우리가 바라보고 달려야 할 푯대 두 번째는 하나님께서 주신 비전입니다. 하나님은 우리 안에 소원을 두고 행하십니다. 하나님은 우리 안에 거룩한 비전을 품게 하고, 그 비전을 따라 행하시는 분입니다.

오륜교회의 비전은 무엇일까요? 상가에서 의자 13개를 놓고 예배드릴 때 하나님께서는 제 마음에 오륜교회가 한국 교회에 대안을 제시하는 교회가 될 것이라는 강력한 마음의 소원을 주셨습니다. 아무도 믿지 않고 동의하지 않았지만 저는 이 비전을 믿음으로 선포하였고 하나님은 그 비전을 지금도 이루고 계십니다.

당신은 왜 지금 다니는 교회의 지체가 되었다고 생각합니까? 우연이라고 생각합니까? 아닙니다. 하나님께서 주신 거룩한 비전을 그 교회에서 이루기 위해서입니다. 우리는 하나님이 주신 비전을 바라보며 함께 달려야 합니다. 반대하는 자가 있고, 핍박하는 자도 있고, 상황이 여의치 않아도 우리는 비전을 향하여 함께 달려가야 합니다.

미국의 탁월한 기독교 지도자 존 맥스웰John Maxwell은 성공하는 사람들은 삶의 목적과 비전이 분명한 사람이라고 했습니다. 꿈을 가진 자는 그 꿈을 이루기 위해 끊임없이 나아가지만 야망을 가진 자는 쉽게 좌절하고 포기합니다. 하지만 비전의 사람은 계속 나아갈 뿐 아니라 도전하며 나아갑니다.

미국에서 최초로 증기선 실험이 있던 날, 증기선으로 뉴욕에서 올버니까지 가는 데 무려 32시간이나 걸렸다고 합니다. 그날 사람이 노 젓는 것보다 증기선이 더 느려 비웃음거리가 되었습니다. 자동차가 처음 발명되었을 때 마차를 타고 가던 사람들이 자기들보다 느린 자동차를 보고 비웃었습니다. 맨 처음 공중을 날았던 비행기는 불과 58초 만에 떨어지고 말았습니다. 그러나 경멸과 비웃음에도 불구하고 그들은 포기하지 않았습니다. 만일 중도에 포기해 버렸다면 어떻게 되었을까요?

저는 '현대 선교의 아버지'로 불리는 윌리엄 캐리의 말처럼 위대하신 하나님을 믿습니다. 그리고 위대하신 하나님께 기도합니다. 그리고 그 위대하신 하나님께서 그 위대하신 일을 이루실 줄 믿습니다. 그러므로 우리는 안주하지 말고 은혜의 지난 시간을 뒤로한 채 또다시 하나님이 주신 비전을 바라보며 달려가야 합니다.

주님을 만난 하나님의 대사는 한결같이 달려가는 인생을 살아갑니다. 넘어지고 또 넘어져도 패배자처럼 인생을 살지 않습니다. 인생이 힘들고 어려워도 주저앉지 않습니다. 주 예수께로부터 받은 사명과 믿음의 주요 온전케 하시는 이인 예수를 바라보며 달리는 인생을 삽니다. 하나님께서 교회에 주신 비전과 우리 한 사람 한 사람에게 주신 거룩한 비전을 바라보며 달리는 인생을 사십시오. 멈추면 넘어집니다. 속도를 늦추면 시험에 듭니다. 푯대를 향해 달려가십시오. 주님이 내 인생을 부르시는 그날까지 저는 힘껏 달릴 것입니다.

3부

하나님 대사의 특권

공급하심을 누려라
— 눅 10:7-8

07

"만일 평안을 받을 사람이 거기 있으면 너희의 평안이 그에게 머물 것이요 그렇지 않으면 너희에게로 돌아오리라"(눅 10:6).

하나님의 대사로서 이 평안을 선포하며 빌었습니까? 어느 집에 들어갈 때 "이 집이 평안할지어다"라고 선포하며 기도했습니까? 우리가 그리스도의 대사로서 "이 집이 평안할지어다"라고 선포하며 기도하면 우리가 빈 평안이 그에게 머물게 되고, 그 집에 임하게 됩니다. 하지만 만약 마음의 문을 닫고 평안의 복음을 거부하는 자가 있다면 그에게 빈 평안은 내게로 다시 돌아오게 됩니다. 이것이 바로 하나님의 대사가 누릴 수 있는 특권입니다.

하나님의 공급하심을 당당하게 누려라

하나님의 대사로 보냄을 받은 우리의 두 번째 특권은 하나님의 공급하심을 당당하게 누리는 것입니다.

"그 집에 유하며 주는 것을 먹고 마시라 일꾼이 그 삯을 받는 것이 마땅하니라"(눅 10:7a).

예수님은 전도인들에게 그 집에 유하며 주는 것을 먹고 마시라고 하셨습니다. 그다음도 마찬가지입니다. 어느 동네에 들어가든지 영접하는 이가 차려 놓는 것을 먹으라고 하셨습니다.

"어느 동네에 들어가든지 너희를 영접하거든 너희 앞에 차려 놓는 것을 먹고"(눅 10:8).

음식을 차리고 대접하는 사람들은 누구일까요? 복음을 듣고 예수를 영접한 사람들입니다. 마음의 문을 열고, 평안의 복음을 받아들인 사람들입니다. 평안의 복음을 듣고 예수를 영접하면 생명의 복음을 전한 사람이 그렇게 고마울 수가 없습니다. 그 사람을 평생 잊을 수가 없습니다. 그래서 평안의 복음, 생명의 복음을 전해 준 자를 자기 집으로 초대해 환대하고 싶습니다.

사도행전 16장에는 간수와 그 가족들이 자신들에게 복음을 전한 바울과 실라를 집으로 초청해 음식을 대접하는 장면이 나옵니다. 한밤중에 빌립보 감옥에 놀라운 기적이 일어났습니다. 바울과 실라가 찬송하며 기도할 때, 옥 터가 움직이고 옥문이 열리는 역사가 일어났습니다. 이에 자다 깬 간수가 문이 열려 있는 것을 보고 죄수들이 도망간 줄로 생각하고 칼을 빼어 자결하려 했습니다. 그때 도망가지 않은 바울로부터 "주 예수를 믿으라 그리하면 너와 네 집이 구원을 받으리라"(행 16:31)는 복음을 듣게 됩니다. 그날 밤 간수와 간수 가족이 모두 복음을 듣고, 예수를 영접하며, 세례를 받았습니다. 이후 간수와 그의 가족은 바울과 실라를 집으로 데려가 음식을 대접하고, 하나님을 믿음으로 크게 기뻐했습니다.

"그들을 데리고 자기 집에 올라가서 음식을 차려 주고 그와 온 집안이 하나님을 믿으므로 크게 기뻐하니라"(행 16:34).

이렇게 복음을 듣고 예수를 영접하게 되면 사람들은 자신에게 복음을 전해 준 사람을 초대하고 싶어 합니다. 예수님은 바로 이때 복음을 듣고 예수를 영접한 사람들의 집에 유하며 그들이 주는 것을 먹고 마시라고 말씀하셨습니다. 또 어느 동네에 들어가든지 너희 앞에 차려 놓는 것을 먹으라고 하셨습니다.

유대인들은 이방인들과 달리 부정한 음식을 먹지 않습니다. 그런데 70명의 전도인들은 대부분 유대인이었습니다. 종종 이방인의 집에 들어가 음식을 대접받을 때 자신들이 먹을 수 없는 부정한 음식들이 차려질 때도 있었습니다. 그때 당황하거나 부정하다고 말하지 말고, 차려 놓은 음식을 가리지 말고 먹으라고 하신 것입니다. 그들의 환대를 부끄러워하지 말고, 감사한 마음으로 당당하게 받으라는 것입니다. 복음을 전하는 중에 잠자리와 음식을 대접받는 것에 비굴한 태도를 보이지 말라는 것입니다.

하나님의 대사는 하나님의 공급하심에 감사하며 당당하게 받아 누려야 합니다. 그렇다고 결코 무례히 행하라는 말은 아닙니다.

왜 하나님의 공급하심을 당당하게 누려야 하는가?

첫째, 일꾼이 그 삯을 받는 것이 마땅하기 때문입니다.

"일꾼이 그 삯을 받는 것이 마땅하니라"(눅 10:7b).

자비량 선교를 했던 사도 바울은 믿음의 아들 디모데에게 이렇게 말했습니다.

"성경에 일렀으되 곡식을 밟아 떠는 소의 입에 망을 씌우지 말라 하였고 또 일꾼이 그 삯을 받는 것은 마땅하다 하였느니라"(딤전 5:18).

'일꾼'($ἐργάτης$)의 헬라어 뜻은 '고용되어 일하는 사람'입니다. 복음을 전하는 자들은 복음의 증거를 위해 주님에 의해 고용된 일꾼들입니다. 마찬가지로 복음을 전하는 자가 복음을 받아들인 자들로부터 환대받는 것은 자선이 아니라 정당한 것입니다.

그런데 일꾼으로 대접받는 자가 잊지 말아야 할 것이 있습니다. 그들은 대접을 받을 때 상전으로서가 아닌 주님의 일꾼으로서 대우받는다는 것을 기억해야 합니다. 일꾼으로서 대접받는 것은 물질적 풍요로움을 위해서가 아니라 생계를 위함이어야 한다는 것도 잊지 말아야 합니다. 하나님의 대사는 대접받고자 하는 마음으로 복음을 전하거나 기도해서는 안 됩니다.

예수님도 열두 제자를 파송하면서 이렇게 말씀하셨습니다.

"너희가 거저 받았으니 거저 주라"(마 10:8b).

그리스도의 제자는 아무런 대가 없이 은혜로 구원받고, 그 은혜로 은사와 능력을 받았습니다. 그러므로 주님의 일꾼은 어떤 대가를 바라면서 일해서는 안 됩니다. 하나님 나라를 향한 순수한 열정으로 복음을 전하며 사역해야 합니다. 만약 대가를 받고 기도해 주는 이가 있다면 그런 사람의 은사는 이미 오염된 것이고, 타락한 것임에 틀림없습니다.

둘째, 하나님께서 친히 예비해 놓으셨기 때문입니다.

예수님께서 공생애 사역을 하시던 당시에는 끼니를 해결하면서 숙박할 수 있는 곳이 많지 않았습니다. 때문에 전도인들은 누군가의 집에 유하며 숙식을 제공받아야만 했습니다. 그런데도 예수님은 그들을 보내시면서 "전대나 배낭이나 신발을 가지지 말라"(눅 10:4a)고 말씀하셨습니다. 철저하게 하나님만 의지하도록 하기 위함이었습니다.

"너희를 이 세상에 보낸 이가 누구냐? 내가 아니냐? 그러므로 너희는 내가 책임진다. 이제 너희는 보냄을 받은 현장에서 하나님의 공급하심을 경험하게 될 것이다."

이를 믿고 순종으로 담대히 나아가면 주님께서 책임져 주심을 가르치기 위한 것입니다. 또한 그렇게 대접하고 공급하는 자에게는 하나님께서 더욱 큰 은혜와 축복을 내려 주실 것을 알게 하기 위함이었습니다.

만약 전도인들이 현장에서 아무런 도움도 받지 못하게 된다면 어떻게 될까요? 아마도 "예수님, 당신은 정말 최대의 사기꾼이군요. 이렇게 노숙하다 굶어 죽게 하려고 전대와 배낭을 가지지 말라고 하셨어요?"라며 주님을 원망했을 것입니다. 그래서 주님은 당신의 신실하심을 나타내 보이기 위해 그들이 유숙하며 먹고 마실 것을 예비해 놓으셨습니다. 그들에게 대접할 자들을 미리 준비해 두신 것입니다.

하나님은 공급하심을 예비하신다

하나님은 전능하시지만 언제나 사람을 통해 일하십니다. 물론 광야였다면 주님께서 과거 출애굽 한 이스라엘 백성에게 하신 것처럼 구름기둥 불기둥으로 인도하시고, 하늘에서 만나와 메추라기를 내려서라도 먹이셨을 것입니다. 그러나 하나님의 대사가 보냄을 받은 곳은 광야가 아닙니다. 사람들이 사는 세상입니다. 하나님은 언제나 세상 사람을 통해 하나님의 공급하심과 돌보심을 경험하게 하십니다.

저는 목회를 하면서 하나님께서 예비해 두신 분들을 정말 많이 만났습니다. 개척 교회로 길동에서 1년 7개월을 보내다가, 1990년 10월 31일 올림픽 G상가로 교회를 옮기게 되었습니다. 보증금 1,200만 원에 월세 20만 원을 내다가 보증금 5천만 원에 월세 50만 원을 내야 했습니다. 당연히 재정적으로 많이 어려웠습니다. 처가의 집을 담보로 은행에서 3,000만 원을 대출받았습니다.

그러던 어느 날 연세 드신 노부부가 운동을 하다가 상가에 있는 우리 교회를 보고 찾아와 신앙생활을 하게 되었습니다. 새벽기도도 빠지지 않고 나왔고, 저와 성경공부도 하게 되었습니다. 어느 날 아침 할머니로부터 전화가 왔습니다.

"목사님의 얼굴을 보니 제가 뭔가 도움을 주어야 할 것 같아 전화를 드렸어요."

그러면서 아무 부담도 갖지 말라고 했습니다. 제가 괜찮다며 계속 사양하니까 그분이 자신의 신앙 여정을 간증하기 시작했습니다.

그분은 그동안 우울증을 앓고 있었고, 심지어 자살하려고 호주머니에 약까지 넣고 다녔다고 했습니다. 그러던 어느 날, 운동 중에 상가에 위치한 교회를 보게 되었고, 그것을 계기로 신앙생활을 시작하게 되었습니다. 그렇게 새 생명을 얻은 뒤 부부 관계도 회복되고 우울증도 고치게 되었다고 했습니다. 은혜라고밖에 설명할 수 없는, 참으로 신묘막측한 하나님의 일하심입니다. 그분은 교회에 와서 은혜를 받았으니 제발 거절하지 말고 필요한 것을 말해 달라고 했습니다. 그래서 다음 날 대출을 받으면서 만들었던 적금통장 2개를 드렸습니다. 그랬더니 2년 동안 대출금 전액을 불입해 주었습니다.

하나님께서 목회를 위해 친히 예비해 두신 분이었습니다. 이렇게 저는 30년 동안 목회하면서 하나님께서 주신 마음의 소원, 거룩한 비전을 이루기 위해 미리 예비해 두신 분들을 정말 많이 만났습니다.

70인의 전도인들을 대접한 사람들은 하나님께서 당신의 공급하심을 경험하도록 하기 위해 친히 예비해 놓은 사람들입니다. 하나님의 신실하심을 드러내는 믿음의 동역자들입니다. 하나님의 역사에는 보냄을 받아 쓰임 받는 사람도 있지만, 선지자적 사명을 감당하는 사람들을 도움으로 귀하게 쓰임 받는 사람도 있습니다.

그럼에도 우리는 현장에서 복음을 전하고, 병든 자를 고치며, 사역의 열매를 맺는 사람들만 귀하게 여기는 경향이 있습니다. 하지만 생각해 보십시오. 복음을 전하는 자들에게 잠자리와 먹고 마실 것을 제공하는 사람들이 없었다면 어떻게 그들이 복음 증거의 사역을, 영혼을 추수하는 일을 감당할 수 있었겠습니까?

현장에서 사역을 감당하고 열매 맺도록 헌신하는 사람들도 중요하지만 그들의 영적, 물질적 필요를 채워 주고 공급해 주는 자들 역시 존귀합니다. 하나님 나라에 가면 그들 역시 동일한 상급을 받아 누리게 될 것입니다.

병든 자를 고쳐라
— 눅 10:9

병든 자를 고치고 하나님 나라를 선포하라

"거기 있는 병자들을 고치고 또 말하기를 하나님의 나라가 너희에게 가까이 왔다 하라"(눅 10:9).

예수님은 천국, 즉 하나님 나라가 가까이 왔다고 선포하는 동시에 병든 자를 고치고 귀신을 쫓아내라고 말씀하십니다.

"가면서 전파하여 말하되 천국이 가까이 왔다 하고 병든 자를 고치며 죽은 자를 살리며 나병환자를 깨끗하게 하며 귀신을 쫓아내되"(마 10:7-8a).

예수님은 열두 제자를 부르실 때도 더러운 귀신을 쫓아내며 모든 병과 모든 약한 것을 고치는 권능을 주셨습니다. 또 부활하신 예수님은 승천하기 직전에도 이렇게 말씀하셨습니다.

"믿는 자들에게는 이런 표적이 따르리니 곧 그들이 내 이름으로 귀신을 쫓아내며 새 방언을 말하며 뱀을 집어올리며 무슨 독을 마실지라도 해를 받지 아니하며 병든 사람에게 손을 얹은즉 나으리라 하시더라"(막 16:17-18).

예수님께서 이 땅 가운데 행한 중요한 사역 가운데 하나가 귀신을 내쫓고, 병든 자를 고치며, 하나님 나라를 선포하는 일이었습니다. 그래서 예수님은 제자들을 보낼 때에도 동일하게 더러운 귀신을 쫓아내며 병든 자를 고치며 하나님 나라를 선포할 것을 말씀하셨습니다.

그리스도의 대사로 보냄 받은 우리도 이 땅을 살아가면서 주님께서 행하신 그 일을 해야만 합니다. 예수님처럼 병든 자를 고치고, 귀신을 내쫓으며, 왕 되신 예수님의 통치 즉 하나님 나라가 가까이 왔음을 선포해야 합니다.

하나님의 다스림이 임하는 곳이 바로 하나님 나라입니다. 예수님은 병든 자를 고치는 것과 귀신을 내쫓는 것을 하나님 나라와 연관시켜 말씀했습니다. 물론 그것이 하나님 나라의 본질은 아닙니다. 복음의 본질도 아닙니다. 그러나 귀신이 쫓겨나고, 병든 자가 고침을 받는 것은 지금 우리 가운데 하나님 나라가 임한 가장 확실한 증거입니다.

원수를 제어할 권능이 당신에게 있다

하나님의 통치가 임하면 치유의 역사가 일어납니다. 빛 되신 주님의 다스리심이 있을 때 회복의 은혜가 임합니다. 이렇게 마귀의 일을 멸하시고 승리하신 주님의 통치가 임할 때, 사탄의 견고한 진이 무너지고 어둠의 영들이 떠나갑니다.

70인의 전도인이 돌아와 "주의 이름이면 귀신들도 우리에게 항복하더이다" 하고 기뻐하며 보고하자 예수님은 이렇게 말씀하셨습니다.

> "내가 너희에게 뱀과 전갈을 밟으며 원수의 모든 능력을 제어할 권능을 주었으니 너희를 해칠 자가 결코 없으리라"(눅 10:19).

뱀과 전갈은 치명적인 독을 가진 짐승으로, 사탄의 세력을 상징합니다. 때문에 뱀과 전갈을 밟는다는 것은 그리스도의 대사인 우리에게 사탄의 세력을 물리칠 수 있는 권세가 주어졌음을 말합니다.

그렇습니다. 마귀의 일을 멸하고 승리하신 예수님은 자신을 대신하여 사명을 감당하는 우리에게 뱀과 전갈을 밟으며 원수의 모든 능력을 제어할 권능을 주셨습니다. 그러므로 이제 우리는 그리스도의 대사로서 예수님의 이름으로 병든 자를 고치며 귀신을 내쫓아야 합니다.

  그러므로 보냄을 받은 현장 가운데 하나님의 나라가 임하게 하십시오. 왕 되신 주님의 통치가 임하였음을 선포하십시오. 예수 그리스도가 나의 왕 되심을 드러내십시오. 이것이 바로 하나님의 대사인 우리가 누릴 수 있는 영적인 특권입니다.

하나님의 권세를 누려라

— 눅 10:17–20

예수님은 70인의 전도인을 세워 자신이 친히 가시려는 각 동네와 지역으로 둘씩 앞서 보냈습니다. 보냄 받은 전도인들은 기뻐하며 돌아와 예수님께 보고를 합니다.

"주여 주의 이름이면 귀신들도 우리에게 항복하더이다" (눅 10:17b).

70인의 전도인이 처음 떠날 때는 전대와 배낭, 신발도 가지지 않은 초라한 모습이었습니다. '박해를 당하지 않을까, 복음을 받아들일까, 숙식의 문제는 어떻게 해결할 수 있을까' 두려움도 많았습니다. 그런데 떠날 때와는 정반대로 기쁨이 충만해서 돌아왔습니다.

떠날 때의 모습보다 돌아올 때의 모습이 더 중요합니다. 의기양양하게 떠났다가 고개 숙인 패잔병의 모습으로 돌아오는 사람들이 있습니다. 반대로 불안과 두려움을 안고 떠났지만 개선장군처럼 승리의 영광을 가지고 돌아오는 사람도 있습니다. 시험장에 들어갈 때의 모습보다 시험과 면접을 치르고 나올 때의 모습이 더 중요합니다. 학교나 직장도 들어갈 때보다 나올 때의 모습이 더 중요합니다. 사람도 처음 만날 때보다 헤어질 때가 더 중요합니다. 시작할 때의 모습보다 마무리 지을 때의 모습이 더 중요합니다.

귀신이 항복하는 현장으로 가라

70인의 전도인들이 그토록 기뻐한 이유는 무엇일까요?

"주여 주의 이름이면 귀신들도 우리에게 항복하더이다"(눅 10:17b).

귀신들의 항복 때문이었습니다. 그들은 현장에서 복음을 전하던 중에 귀신 들린 자를 만났습니다. 그런데 예수님의 이름으로 명하자 귀신들이 항복하고, 떠났습니다. 하나님의 대사로 보냄 받은 전도인들은 예수님의 이름으로 기도하고 명령할 때 병든 자가 고침을 받고, 귀신들이 떠나가는 것을 자신들의 눈으로 직접 보았습니다. 귀신들이 자기들 앞에서 굴복하는 것을 보았습니다.

제자들은 "귀신들이 항복했다"는 말을 부정과거 시제가 아닌 현재 시제로 말했습니다. 예수의 이름으로 귀신을 내쫓고 굴복시킨 그 현장의 감동과 기쁨이 지금도 생생하게 남아 있는 것입니다. 은혜의 현장에서 받은 너무나 큰 감동과 기쁨의 여운이 쉽게 사라지지 않는 것입니다.

그렇다면 오늘 우리에게는 왜 이런 기쁨이 없을까요? 왜 복음의 권세와 능력, 하나님 나라를 경험하는 감격이 없을까요? 왜 가슴 뛰는 간증이 없을까요? 이유는 자명합니다. 우리가 전도의 현장에 없기 때문입니다. 예수님의 보혈로 덮고, 예수님의 이름으로 대적하는 영적 전쟁의 현장에 없기 때문입니다. 많은 그리스도인에게 복음이 이론으로만 머물러 있습니다. 그들은 말씀을 듣기만 할 뿐, 순종함으로 능력을 경험하는 현장에 거하지 않습니다. 그리스도인들은 반드시 담대하게 복음을 전하는 영적 전쟁의 현장에 있어야 합니다.

마음이 답답합니까? 마음이 무겁습니까? 신앙생활에 감격이 없습니까? 매너리즘에 빠져 있습니까? 사람을 만나는 것이 두렵고, 아침에 눈뜨는 것이 두렵습니까? 자신이 초라해 보입니까? 신앙생활이 점점 황폐해지고, 마음이 굳어지고 있습니까?

신앙생활의 연수를 자랑하지 말고, 공동체 안에서의 직분을 자랑하지 말고, 그리스도의 대사로서 말씀을 붙들고 순종의 자리로 나아가십시오. 어쩌면 믿음으로 나아가는 그 현장에서 핍박당할 수도 있습니다. 하지만 귀신들이 항복하는 것을 보게 될 것입니다. 하나님의 능력을 경험하게 될 것입니다. 준비된 영혼들을 만나게 될 것입니다. 한 영혼이 주께로 돌아오는 기쁨을 누리게 될 것입니다.

영적 기쁨을 잃어버린 자는 전도의 현장으로 나가야 합니다. 전도야말로 하나님을 가장 기쁘게 해드리는 일입니다. 하나님 나라와 의를 구하는 일입니다.

복음의 권세와 능력을 경험하기 원합니까? 예수 이름의 권세를 경험하기 원합니까? 그렇다면 현장으로 나가십시오.

영적 전투의 현장에는 주님이 계신다

전도는 가장 치열한 영적 전투의 현장입니다. '항복'이라는 용어는 오직 전투에서만 쓸 수 있습니다. 입사에 실패했거나 시험을 잘못 봤다고 항복이라는 단어를 사용하지 않습니다. 오직 싸움에 진 패배자의 입에서 항복이라는 말이 나옵니다.

복음을 전하는 일은 가장 치열한 영적 전쟁입니다. 사탄의 사슬에 매여 불타는 지옥을 향해 끌려가는 영혼을 구원해 내는 일이기 때문입니다. 세상의 전쟁에는 무승부도 있습니다. 절반의 승리, 절반의 패배도 있습니다. 하지만 한 영혼을 구원해 내는 영적 전쟁의 현장에는 무승부가 없습니다. 승리와 패배가 함께 있을 수 없습니다. 승리하든지 패배하든지 둘 중 하나입니다. 우리의 영적 전쟁은 주님께서 마귀의 일을 멸하고 승리하셨기에 이미 승리가 보장된 전쟁입니다.

두 사람씩 짝을 지어 나간 70명의 전도인들은 복음을 전하는 영적 전투의 현장에서 귀신들이 자신들에게 항복하고 떠나는 것을 보았습니다. 복음의 권세와 능력을 경험했습니다. 그래서 이 일로 인해 감격하고 기뻐하였습니다.

예수님은 기쁨으로 돌아와 흥분된 목소리로 "주여 주의 이름으로 귀신들도 우리에게 항복하더이다" 하고 보고하는 그들에게 이렇게 말씀하셨습니다.

"예수께서 이르시되 사탄이 하늘로부터 번개같이 떨어지는 것을 내가 보았노라"(눅 10:18).

전도인들이 보냄 받은 현장에서 귀신을 쫓아낼 때 예수님께서는 귀신들의 우두머리인 사탄이 하늘로부터 떨어지는 것을 지켜보고 계셨습니다. 여기서 '보았다'는 말이 미완료형으로 되어 있는데, 이는 예수님이 전도인을 세상 가운데로 보내신 다음에도 '계속 지켜보고 있었음'을 뜻합니다. 한마디로 전도인들이 귀신의 항복 소식을 말하기 전에 이미 복음을 전하는 영적 전투의 현장에서 일어나는 일들을 보고 계셨습니다.

예수님은 "갈지어다 내가 너희를 보냄이 어린양을 이리 가운데로 보냄과 같도다"(눅 10:3)라고 말씀만 하지 않으셨습니다. 그들을 보낸 뒤 방관하지 않으셨습니다. 어디서 자고, 누구를 만나고, 어떤 상황 가운데 있든지 나 몰라라 하지 않으셨습니다. 스스로 알아서 모든 것을 해결하겠지 하고 무관심하지 않으셨습니다. 주님은 그 전도의 현장에서 벌어지고 있는 영적 전투를 집중력을 가지고 뚫어지게 바라보고 계셨습니다. 마찬가지로 예수님은 지금 우리가 당하고 있는 고난과 고통의 현장도 보고 계십니다.

오병이어의 기적 이후 현장에 있던 사람들은 예수님을 왕으로 추대하려고 했습니다. 하지만 예수님은 이 땅의 왕으로 오신 것이 아닙니다. 주님은 무리를 흩으시고, 제자들을 재촉하사 배를 타고 앞서 벳새다로 가게 하셨습니다. 그리고 자신은 홀로 산으로 기도하러 들어가셨습니다. 그런데 예수님의 말씀에 순종하여 배를 타고 가던 제자들이 갈릴리 바다 한복판에서 큰 풍랑을 만나게 되었습니다.

"바람이 거스르므로 제자들이 힘겹게 노 젓는 것을 보시고 밤 사경쯤에 바다 위로 걸어서 그들에게 오사"(막 6:48).

깊은 밤, 육지에서 십리나 떨어진 바다 한복판에서 괴롭게 노를 젓고 있는 제자들의 안타까운 모습을 주님은 보고 계셨습니다. 그래서 밤 4경(새벽 3~6시)에 물 위를 걸어 찾아오셨습니다.

주님은 오늘도 당신이 당하고 있는 고난의 현장을 보고 계십니다. 풍랑을 만나 괴롭게 노 젓고 있는 당신의 지친 모습을 보고 계십니다. 가족과 친구, 동료들 앞에서 당당한 것 같지만 속으로는 울고 있는 당신의 지친 모습을 보고 계십니다. 인생이 너무 힘들어 살아갈 용기마저 잃어버린 당신의 모습을 주님은 지금 보고 계십니다.

우리가 즐겨 부르는 찬양 중에 "나의 모습 보네"라는 찬양이 있습니다.

> 주 나의 모습 보네 상한 나의 맘 보시네
> 주 나의 눈물 보네 홀로 울던 맘 보시네
> 세상 소망 다 사라져 가도 주의 사랑은 끝이 없으니
> 살아가는 이 모든 순간이 주 은혜임을 나는 믿네

그렇습니다. 주님은 우리가 한 사람의 영혼 구원을 위해 기도하고 그 사람에게 나아가 복음을 전할 때, 그 영적 전투의 현장을 뚫어지게 바라보십니다. 인생의 풍랑을 만나 힘겹게 노 젓고 있는 당신의 모습을 바라보고 계십니다. 그러므로 그리스도의 영광을 위해 고단한 인생길을 걷는 지금, 나 혼자뿐이라고 생각하지 마십시오.

세상에서 십자가의 은혜를 전하다 조롱과 멸시를 당해도 결코 포기하지 마십시오. "볼지어다 내가 세상 끝날까지 너희와 항상 함께 있으리라"(마 28:20b)는 말씀처럼 주님은 절대 포기하지 않으십니다. 주는 나를 따뜻하게 안아 주시며, 영원히 사랑하십니다. 주님이 나를 외면하지 않는 한 우리의 인생은 끝나지 않습니다.

우리는 복음을 전하는 영적 전투의 현장을, 내가 처한 고난의 현장을 뚫어지게 바라보시는 주님을 의식할 수 있어야 합니다. 그래야 복음으로 살다 받는 핍박과 외면을 이겨 낼 수 있습니다. 실패하고 넘어져도 주님이 나와 함께하신다는 그 믿음과 예수의 피 한 방울을 의

지하여 다시 일어설 수 있습니다.

체념하지 마십시오. 포기하지 마십시오. 지금 주님이 당신을 보고 계십니다. 주님이 당신을 외면하지 않는 한 당신의 인생은 끝나지 않습니다. 주님은 지금 당신이 처한 삶의 현장을 보고 계십니다.

하나님의 자녀 된 자에게 주어진 권세

계속해서 예수님은 하나님의 대사인 우리에게 주어진 권세에 대하여 말씀하셨습니다.

> "내가 너희에게 뱀과 전갈을 밟으며 원수의 모든 능력을 제어할 권능을 주었으니 너희를 해칠 자가 결코 없으리라"(눅 10:19).

예수님은 전도자들에게 "뱀과 전갈을 밟으며 원수의 모든 능력을 제어할 권능을 주셨다"고 말씀하십니다. 뱀과 전갈은 사탄과 그를 따르는 졸개들을 말합니다. 둘 다 치명적인 독을 가진 동물입니다. 성경에서는 사탄의 세력을 상징할 때 뱀과 전갈을 사용합니다.

사탄의 세력을 상징하는 뱀과 전갈을 밟는다는 말씀은 곧 승리를 말합니다. 하나님의 자녀 된 우리, 그리스도의 대사로 보냄을 받은 우리에게는 원수의 모든 능력을 제어할 권세가 주어졌으니 어떤 영적 전쟁이든 주의 능력에 힘입어 승리할 수 있습니다. 이 권세를 누가 주셨습니까? 마귀의 일을 멸하시고, 하늘과 땅의 권세를 가지신 주님이 주셨습니다. 주님은 분명히 말씀하셨습니다.

"영접하는 자 곧 그 이름을 믿는 자들에게는 하나님의 자녀가 되는 권세를 주셨으니"(요 1:12).

이런 권세가 주어졌음에도 불구하고 이를 깨닫지 못하고 살아가는 그리스도인들이 너무나 많습니다. 이 권세는 미래의 어느 순간에 받는 것이 아닙니다. 예수님을 영접하여 하나님의 자녀로 거듭날 때 이미 받은 것입니다. 때문에 전도할 때 "말주변이 없는 내가 어떻게", "배운 것이 없어서" 등의 말을 해서는 안 됩니다.

우리는 이름만 그리스도인이 아닙니다. 뱀과 전갈을 밟으며 원수의 모든 능력을 제어할 권세를 가진 자입니다. 예수님과 함께 죽었고, 예수님과 함께 다시 살리심을 입어, 주님과 함께 하늘 보좌에서 통치하고 다스리는 자들입니다.

너희 이름이 하늘에 기록된 것으로 기뻐하라

"그러나 귀신들이 너희에게 항복하는 것으로 기뻐하지 말고 너희 이름이 하늘에 기록된 것으로 기뻐하라 하시니라"(눅 10:20).

제자들은 귀신들이 항복할 때 기뻐했습니다. 물론 이 기쁨도 보통 기쁨이 아닙니다. 그런데 주님은 사탄이 항복한 것으로 기뻐하지 말고, 너희의 이름이 하늘에 기록된 것으로 기뻐하라고 말씀하십니다.

귀신들의 항복으로 말미암는 기쁨이 필요 없다는 것이 아닙니다. 복음의 증거로 인한 기쁨도 필요합니다. 사역의 열매로 인한 기쁨도 필요합니다. 성령의 은사와 능력으로 말미암는 기쁨도 중요합니다.

하지만 세상 그 무엇과도 비교할 수 없는 최고의 기쁨이 있습니다. 무엇입니까? 우리 이름이 하늘에 기록된 기쁨입니다. 이름이 하늘에 기록되었다는 것은 곧 하나님의 자녀, 천국 백성이 되었음을 말합니다. 구원받았음을 의미합니다. 때문에 "너희 이름이 하늘에 기록된 것으로 기뻐하라"는 말은 내가 구원받았다는 사실, 천국 백성이 되었다는 그 사실로 인하여 더 기뻐하라는 것입니다.

하나님의 대사로 세상에 보냄 받은 우리는 사역으로 인한 기쁨도 누려야 합니다. 그러나 거기서 끝나지 말고 내가 구원받은 사실로 인해 더 기뻐할 수 있어야 합니다.

그 이유는 첫째, 구원의 기쁨은 영원하기 때문입니다. 아무리 많은 열매를 맺어도 사역으로 인한 기쁨은 오래가지 못합니다. 물론 사역으로 인한 기쁨도 정말 대단한 기쁨입니다. 사역 때문에 가슴이 벅차올라 잠을 이룰 수 없을 만큼 기쁠 때도 있습니다. 하지만 우리는 수고한 만큼 열매를 맺지 못하고, 기도하고 희생한 만큼 변화되지 않으면 낙심하고 실망하기도 합니다. 그러나 하나님 나라의 생명책에 기록된 축복은 영원합니다. 구원의 축복은 영원합니다.

그리스도의 대사는 은사와 능력으로 섬기는 사역으로만 기뻐할 것이 아니라, 하나님이 나를 구원해 주신 그 구원의 은총으로 인하여 기뻐하며 살아야 합니다. 하박국 선지자처럼 구원의 하나님으로 인해 기뻐하고 즐거워할 수 있어야 합니다.

둘째, 구원의 기쁨은 항상 기뻐할 수 있기 때문입니다. 성경은 "항상 기뻐하라"고 말합니다. 누가 항상 기뻐할 수 있습니까? 기쁨의 근거를 하나님께 두는 자입니다. 내 자신의 성품과 행위와 사역의 열매로 기뻐하려는 자는 항상 기뻐할 수 없습니다. 내 자신에 근거한 기쁨은 영원하지 않습니다. 나보다 더 뛰어난 능력자가 곧 나타날 것이기 때문입니다.

하나님을 기뻐하는 자, 하나님께서 내게 행하신 일들로 기뻐하는 자는 항상 기뻐할 수 있습니다. 우리의 지속적인 기쁨의 근거는 우리가 한 일에 있지 않습니다. 하나님이 우리를 위해 무엇을 하셨는지에 근거합니다. 그러므로 나의 행위와 성품과 사역의 열매와는 상관없이 내 이름이 하나님 나라 생명책에 기록된 것으로 기뻐해야 합니다.

하나님의 대사로 나아갔던 전도인들은 기쁨이 충만한 가운데 돌아왔습니다. 주의 이름 앞에 귀신들이 항복하는 것으로 기뻐했습니다. 또한 하나님께서 행하신 일로 기뻐했습니다. 오늘 우리에게도 이런 기쁨이 있어야 합니다.

주님은 더 나아가 오늘 나의 이름이 하늘에 기록된 것으로 기뻐하라고 하십니다. 그렇습니다. 하나님의 대사인 우리는 인생이 힘들어도, 고난이 겹쳐도, 인생의 거친 풍랑을 만났어도 나를 구원해 주신 그 하나님으로 인하여 기뻐할 수 있습니다.

신앙생활의 최대 위기는 핍박이나 환난 등의 어려움이 아닙니다. 구원의 감격이 사라지는 것입니다. 천국에 대한 소망이 사라지고, 성령으로 인한 기쁨이 사라지는 것입니다. 생각해 보십시오. 내 안에 사역의 기쁨이 없다면 어떻게 세상을 이기며 살아갈 수 있겠습니까? 구원의 기쁨이 없다면 내게 엄습해 오는 죽음의 그림자를 어떻게 몰아낼 수 있겠습니까? 주님께서 주시는 기쁨이 없다면 성난 파도처럼 밀려오는 세상의 두려움을 어떻게 이겨 낼 수 있겠습니까? 그러므로 오늘 하나님의 대사인 내 안에 이 기쁨이 있어야 합니다. 주를 마음껏 기뻐하십시오!

4부

하나님 대사의 사명

복음을 전파하라

— 눅 10:1

따로 세움을 받은 70인의 전도단

"그 후에 주께서 따로 칠십 인을 세우사 친히 가시려는 각 동네와 각 지역으로 둘씩 앞서 보내시며"(눅 10:1).

주님이 따로 세워 보낸 70인은 어떤 사람일까요? 성경은 70명의 사람들에 대해 어떤 이름도 언급하고 있지 않습니다. 출신과 직업 또한 마찬가지입니다. 이들은 사도가 아니었습니다. 평신도들이었습니다. 예수님을 믿은 지 얼마 되지 않은 무명의 그리스도인들이었습니다. 다만 베드로는 가룟 유다 대신 맛디아를 제자로 세울 때 항상 우리와 함께 다니던 사람 중에 하나를 세웠다고 말했습니다.

"주 예수께서 우리 가운데 출입하실 때에 항상 우리와 함께 다니던 사람 중에 하나를 세워"(행 1:21b-22a).

본문에 근거하면 70인은 열두 명의 제자들처럼 예수님과 항상 함께 있지는 않았지만 예수님께서 하늘로 승천하실 때까지 사도들과 함께 다녔던 사람들임을 알 수 있습니다. 누가복음 9장을 보면 열두 제자 말고도 예수님을 따르고자 한 사람이 많았음을 알 수 있습니다.

"길 가실 때에 어떤 사람이 여짜오되 어디로 가시든지 나는 따르리이다"(눅 9:57).

예수님은 열두 제자 이외에 따로 70명을 세워 보내셨습니다. '세우사'($ανεδειξεν$)라는 말의 원어적 의미는 '드러내다, 임명하다'입니다. 예수님은 70명의 전도인을 스파이 보내듯이 은밀하게 세워 보내지 않으셨습니다. 공개적으로, 공식적으로 임명하여 보내셨습니다.

그런데 성경 개역개정판에는 70인으로 되어 있지만 표준새번역 성경에는 72인으로 되어 있습니다. 영어버전 KJB 성경은 70인으로, NIV 성경은 72인으로 번역했습니다. 이런 차이는 성경 사본상의 차이 때문입니다. 시내 사본과 알렉산드리아 사본에는 70인으로 되어 있고, 바티칸 사본과 베자 사본에는 72인으로 기록되어 있습니다.

사실 70인이 맞는가, 72인이 맞는가 하는 문제는 중요하지 않습니다. 중요한 것은 왜 70인 혹은 72인을 따로 세워 보내셨는가 하는 점입니다. 어떤 학자들은 이스라엘의 장로가 70명이었고, 요셉의 초대로 애굽에 내려간 이스라엘의 수효가 70명이었으며, 유대인의 최고 회의 기구인 산헤드린 공회원도 70명인 데서 근거를 찾습니다. 그러나 그보다는 유대인들에게 있어 이 숫자는 열방, 곧 세상의 나라를 상징하는 숫자로 받아들여지고 있기 때문이 아닌가 여겨집니다.

창세기 10장에는 노아의 홍수 이후 각 족속, 민족들이 열거되어 있는데 히브리어 성경에는 70족속으로 되어 있고, 헬라어로 번역한 70인역에서는 72족속으로 되어 있습니다. 그래서 유대인들은 세상 나라 하면 70민족 혹은 72나라라고 생각했습니다.

이렇게 70 혹은 72이라는 숫자는 열방, 곧 세상을 상징하는 숫자로 받아들여지고 있었습니다. 때문에 주님은 온 열방 가운데 이 복음이 선포되기를 소망하는 마음을 담아 70명의 전도단을 따로 세워 파송하신 것입니다.

예수님이 친히 가실 곳으로 가라

그렇다면 예수님께서 70인 전도단을 따로 세워 보낸 곳은 어디일까요?

> "그 후에 주께서 따로 칠십 인을 세우사 친히 가시려는 각 동네와 각 지역으로 둘씩 앞서 보내시며"(눅 10:1).

예수님은 그들을 아무 데나 보내지 않으셨습니다. 주님이 친히 가시려는 각 동네와 각 지역으로 주님을 대신해 70인을 앞서 보내셨습니다. 예수님 당시뿐 아니라 지금도 주님은 그리스도의 대사인 우리를 주님께서 친히 가시려는 그곳으로 보내십니다. "나도 너희를 보내노라." 지금 당신이 보냄 받은 치열한 비즈니스의 현장인 직장과 일터, 캠퍼스와 삶의 보금자리인 가정은 부활하신 주님께서 친히 가시려는 곳입니다.

주님이 친히 가시려 했다면 그곳에는 구원받아야 할 영혼이 있다는 뜻입니다. 그곳에 주님의 관심과 애정이 있고, 그곳에서 행하실 일이 있다는 것입니다. 그러므로 이제 주님의 눈으로 주님이 보내신 그 일터를 바라보십시오. 나를 보내신 주님의 눈으로 삶의 현장을 바라보십시오. 주님의 눈으로 직장의 동료들을 바라보고, 내가 가르치는 제자들을 바라보고, 주님의 눈으로 내 남편과 아내와 자녀와 부모를 바라보십시오. 주님의 눈으로 바라볼 때 우리의 감정과 관점이 달라집니다.

주님은 어떤 이유로 당신이 친히 가시려는 그곳에 그리스도의 대사로 우리를 보내셨을까요? 그것은 부활하신 주님을 나타내 보이도록 하기 위해서입니다. "나는 영으로서 눈에 보이지 않지만 네가 그곳에서 보이지 않는 나를 나타내 보이라"는 것입니다. 하나님을 보고 싶어 하는 사람들에게, 하나님을 보여 달라는 사람들에게 살아 계신 하나님을 보여 주라는 것입니다. 그곳에서 주님을 대신해 하나님의 나라를 선포하라는 것입니다. 주님을 대신해 "내가 얼마나 그 영혼을 사랑하고 있는지 나의 마음을 나타내 보이라"는 것입니다. 주님을 대신해 예수의 눈물을 보여 주라는 것입니다. 그래서 주님은 당신이 친히 가시려는 그곳에 우리를 보내신 것입니다.

최근 베트남에서 가장 인기 있는 사람은 K-팝 가수 그룹인 방탄소년단[BTS]이 아니라 '쌀딩크'라는 별명으로 불리는 박항서 감독입니다. 박항서 감독이 이끄는 베트남 축구 대표팀이 아시안 게임에서 최초로 4강에 오르고, 동남아시아의 월드컵으로 불리는 '스즈키컵[Suzuki Cup]에서 우승을 차지했습니다. 그리고 2019 아시안컵에서도 요르단을 물리치고 12년 만에 8강에 올랐습니다. 베트남 국민들은 박 감독을 국민 영웅으로 칭송하고 있습니다.

그런데 선교사님들이 전하는 말에 의하면, 매 경기 박항서 감독이 기도하는 모습이 현지 TV 중계에 잡히면서 사회주의 국가인 베트남 선교에 큰 도움이 되고 있다고 합니다. 어떤 선교사님은 "박 감독은 선교 제한 지역인 베트남에서도 주일에 꼭 교회를 찾아 예배한다"며 "다들 이분을 주목하기 때문에 이것만으로도 큰 선교를 하는 것"이라고 말했습니다. 또 다른 선교사님은 "박 감독은 인터뷰할 때도 베트남 문화를 존중하고 아주 겸손한 자세를 견지한다"며 "사람들이 이 사람이 예수 믿는 사람이냐고 묻고, '그렇다'고 대답하면 '어쩐지'라는 반응을 보인다"고 말합니다.

바로 이것이 보냄 받은 자의 모습 아니겠습니까? 박항서 감독은 보냄 받은 자로서 복음의 불모지인 그곳에서 우리 주님을 나타내 보이고 있는 것입니다. 지금 당신이 머물러 있는 그곳이 바로 우리 주님께서 자신을 대신해 보내신 곳입니다. 그러므로 그리스도의 대사로 보냄을 받은 우리는 그곳에서 하나님 나라를 선포하며 보이지 않는 하나님을 나타내 보여 줄 수 있어야 합니다.

둘씩 앞서 보내시다

그렇다면 예수님은 이 70인을 어떻게 보내셨을까요?

"그 후에 주께서 따로 칠십 인을 세우사 친히 가시려는 각 동네와 각 지역으로 둘씩 앞서 보내시며"(눅 10:1).

둘씩 짝을 지어 보내셨습니다. 앞서 열두 제자를 파송할 때도 둘씩 짝을 지어 보내셨습니다.

"열두 제자를 부르사 둘씩 둘씩 보내시며 더러운 귀신을 제어하는 권능을 주시고"(막 6:7).

여기에는 주님만의 선한 이유가 있습니다.

첫째는 서로 동역하도록 하기 위해서입니다. 이들이 나가서 해야 할 일은 사람을 낚는 어부로서 사명을 감당하는 것입니다. 그들은 영적인 추수를 해야 합니다. 이것이 바로 영적 전쟁입니다. 그런데 영적 전쟁은 혼자 할 수 없습니다. 반드시 동역이 필요합니다. 서로 돕고 격려하는 것이 필요합니다.

이스라엘이 아말렉과 싸울 때 여호수아는 군대를 이끌고 나가서 싸우고, 모세는 산 위에 올라 기도했습니다. 마찬가지로 우리도 복음을 전할 때 한 사람은 복음을 전하고, 또 한 사람은 복음을 전하는 자와 듣는 자를 위하여 기도해야 합니다. 이렇게 전도는 치열한 전투이기 때문에 서로 돕고 격려하기 위해 두 사람씩 짝을 지어 보낸 것입니다.

하나님께서 보내신 현장에서 모든 일을 혼자 하려고 하지 마십시오. 함께 동역하십시오. 바울을 보면 가는 곳마다 하나님께서 예비해 놓으신 동역자가 있었습니다. 만약 내게 함께할 누군가가 없다면 함께 기도할 수 있는 사람을 찾으십시오. 함께 예배드리고, 복음을 전파할 수 있는 사람을 찾으십시오. 함께 선한 영향력을 행할 수 있는 사람을 찾으십시오.

한 사람의 열 걸음보다 열 사람의 한 걸음이 더 낫다는 말이 있습니다. 주의 일도 마찬가지입니다. 나 홀로 하는 것보다 동역자들과 함께하는 것이 훨씬 좋습니다. 이것이 그리스도 안에서 하는 선한 동역입니다.

오륜교회는 다음 세대와 한국 교회를 위해 참 많은 일들을 하고 있습니다. 그런데 이 모든 일이 담임목사인 저 혼자의 힘으로 가능할까요? 아닙니다. 더 많은 눈물을 쏟고, 더 많이 무릎으로 기도하며, 주께 하듯 전심으로 헌신하는 신실한 믿음의 동역자들이 있기에 가능한 것입니다. 우리는 모두 하나님의 동역자입니다. 하나님이 주신 거룩한 비전을 이루어 가는 하나님의 동역자입니다.

두 번째 이유는 증인의 자격을 갖추기 위해서입니다. 제자들은 예수 그리스도를 증언하기 위해 보내심을 받았습니다. 예수 그리스도가 복음이라는 사실을 선포하기 위해서입니다. 전도란 그리스도에 대해 증언하는 것입니다. 변론이 아닙니다. 증인은 자기가 보고 듣거나 경험한 것을 사실 그대로만 말하면 됩니다. 기교를 부릴 필요가 없습니다. 있는 그대로 전하면 됩니다.

"나는 과거에 아무런 소망이 없던 사람이었습니다. 그런데 어느 날 복음을 듣고 예수님께서 나의 죄를 대신하여 십자가에 달려 죽으시고, 부활하셨다는 것을 알게 되었습니다. 내가 하나님 앞에서 엄청난 죄인이란 사실도 깨닫게 되었습니다. 그리고 그 예수를 믿고 영접하여 모든 죄를 사함 받고 이렇게 하나님의 자녀가 되었습니다. 상황은 변하지 않았지만 이제 내 안에는 하나님 나라에 대한 소망이 있습니다. 세상이 줄 수 없는 평안이 있습니다. 과거에는 걱정과 불안으로 내 얼굴에 수심이 가득했지만 지금은 주님이 주신 은혜로 기쁨이 충만합니다. 지금 나는 주님 한 분만으로 만족하며 산다는 것 자체가 너무나 황홀합니다."

모세의 율법에 의하면 증인은 언제나 두 사람 이상이 있어야 인정을 받습니다(신 19:15). 그러므로 주님은 이 요구를 만족시키기 위해 두 명씩 짝지어 보낸 것입니다.

하나님의 대사가 가져야 할 사명

주님은 친히 가시려는 그곳에 제자들을 둘씩 앞서 보내셨습니다.

> "그 후에 주께서 따로 칠십 인을 세우사 친히 가시려는 동네와 각 지역으로 둘씩 앞서 보내시며"(눅 10:1).

'보내시며'라는 단어를 유념할 필요가 있습니다. 헬라어 문헌에서는 '보내다'를 뜻하는 동사가 두 가지로 사용됩니다. 하나는 '펨포'($πέμπω$)로 '어떤 것이 누군가에게 전달되도록 명할 때' 사용되며 단순하게 '보낸다'는 의미입니다. 또 하나는 '아포스텔로'($ἀποστέλλω$)라는 단어로 '공무적이거나 권위 있는 파송'을 뜻합니다. 부활하신 예수님이 "나도 너희를 보내노라"라고 말씀하실 때 바로 이 단어가 사용되었습니다.

그렇습니다. 예수님은 앞서 열두 제자를 파송할 때도, 또 70인을 파송할 때도 그리고 부활하신 주님이 우리를 보내실 때도 '펨포'가 아닌 '아포스텔로'라는 단어를 사용하셨습니다. 이것은 부활하신 주님께서 우리를 보내실 때 이곳에서 저곳으로 단순한 이동을 위해 보내신 것이 아니라 그리스도의 대사로서 하나님 나라를 선포하라는 특별한 사명을 부여해 보내셨음을 의미합니다. 뿐만 아니라 부활하신 주님께서 제자들과 70인의 전도인들을 보내셨을 때와 마찬가지로 동일한 사명과 권세와 목적을 주어 우리를 보내셨음을 뜻합니다.

예수님은 열두 제자를 파송하면서 모든 귀신을 제어하며 병을 고치는 능력과 권위를 주셨습니다. 그리고 하나님의 나라를 전파하는 사명을 주셨습니다.

"예수께서 열두 제자를 불러 모으사 모든 귀신을 제어하며 병을 고치는 능력과 권위를 주시고 하나님의 나라를 전파하며"(눅 9:1-2a).

보냄 받은 제자들은 각 마을을 두루 다니며 곳곳에 복음을 전하고, 병을 고쳤습니다.

"제자들이 나가 각 마을에 두루 다니며 곳곳에 복음을 전하며 병을 고치더라"(눅 9:6).

70인의 전도단도 마찬가지입니다. 예수님은 이들에게 뱀과 전갈을 밟으며 원수의 모든 능력을 제어할 권능을 주셨습니다.

"내가 너희에게 뱀과 전갈을 밟으며 원수의 모든 능력을 제어할 권능을 주었으니 너희를 해칠 자가 결코 없으리라"(눅 10:19).

그들이 예수의 이름으로 명할 때 귀신들이 떠나가고 항복하는 역사가 일어났습니다. 거듭 반복하지만 예수님은 그리스도의 대사로 보냄을 받은 우리에게도 동일한 사명과 권세와 목적을 주셨습니다. 부활하신 예수님은 "너희는 온 천하에 다니며 만민에게 복음을 전파하라"고 말씀하시며 "믿는 자들에게는 이런 표적이 따르리니 곧 그들이 내 이름으로 귀신을 쫓아내며 새 방언을 말하며 뱀을 집어 올리며 무슨 독을 마실지라도 해를 받지 아니하며 병든 사람에게 손을 얹은즉 나으리라"(막 16:17-18)고 말씀하셨습니다.

누구에게 이런 표적이 따릅니까? 누구에게 이런 권세와 권능을 주셨다고 말씀하십니까? 믿는 자들입니다! 열두 제자나 70명의 전도인만이 아니라 우리 역시 부활하신 주님이 친히 가시려는 그곳에 주님을 대신해 사명의 현장으로 보냄을 받은 그리스도의 대사들입니다. 하나님의 자존심입니다. 그러니 복음을 들고 나아가는 발걸음에서, 그리스도의 진리와 사랑을 증거하며 살아가는 삶의 현장에서 당당해 지십시오.

"너희 말을 듣는 자는 곧 내 말을 듣는 것이요 너희를 저버리는 자는 곧 나를 저버리는 것이요 나를 저버리는 자는 나 보내신 이를 저버리는 것이라 하시니라"(눅 10:16).

'듣는다'(ἀκούω)는 말은 헬라어로 '순종하다, 환영하다'라는 의미를 가지고 있습니다. 그리고 '저버리다'(ἀθετεῖ)는 말은 '거부하다, 거절하다, 무시하다'는 의미를 가지고 있습니다. 그리스도의 대사인 우리가 전하는 복음을 듣는 것은 예수님을 환영하며 순종하는 것을 말합니다. 반대로 복음을 저버리는 것은 예수님을 거부하는 것을 말합니다.

복음을 전하다 보면 낙망할 때가 많습니다. 상대방의 반응이 차갑거나 날카로울 때면 우리 마음도 그에 따라 어려워집니다. 그러나 무시당했다고 해서 낙심하지 마십시오. 그들이 복음을 전하는 나를 저버리는 것은 곧 예수님을 저버리는 것입니다.

우리는 주님을 대신해 보냄을 받은 그리스도의 대사들입니다. 부활하신 주님이 지금 당신을 사명의 현장에 보내셨습니다. 그 현장은 주님이 친히 가시려는 곳입니다. 그렇다면 이제 두려워하지 말고 그리스도의 대사로 당당히 나아가십시오. 세상을 이기신 주님이 늘 함께하실 것입니다. 주님이 보내신 그곳에서 살아 계신 하나님을 나타내 보이십시오. 그들을 향한 하나님의 사랑을, 주님의 눈물을 보여 주십시오. 복음을 전파하십시오.

병든 자가 있다면 예수의 이름으로 그들을 위하여 함께 기도하고, 귀신 들린 자가 있다면 예수의 이름으로 내어 쫓고, 눌린 자가 있다면 예수의 이름으로 그들을 자유케 하십시오. 그리고 세상의 근심과 실패와 죽음 앞에서 두려워 떠는 그들에게 평안의 복음을 담대히 전하십시오. 하나님은 이 일을 위하여 우리를 부르셨습니다.

영혼을 추수하라
— 눅 10:2

 부활하신 주님은 당신이 친히 가시려는 그곳에 우리를 그리스도의 대사로 보내셨습니다. 창조와 구원의 영광된 주님을 나타내 보이도록 하기 위해서입니다. 주님의 특별한 관심과 애정이 있는 그곳에 하나님의 나라를 선포하게 하기 위해서입니다. '보이지 않는 하나님을 너의 삶을 통해 이 땅의 사람들에게 보여 주라'는 것입니다. '영혼을 사랑하는 주님의 애틋한 마음을, 간절한 사랑을 전하라'는 것입니다. '우리 때문에 아파하시며 흘리는 눈물로 그들의 마음을 적시라'는 것입니다.

 그리고 열두 제자를 파송하실 때와 마찬가지로 70인의 전도단 역시 둘씩 짝을 지어 보내셨습니다. 서로 동역하여 영혼을 추수하라는 의미입니다. 이 영적 추수는 영적 전쟁입니다. 개인이 아무리 뛰어나도 영적 전쟁은 혼자 할 수 없습니다. 반드시 동역이 필요합니다. 서로 돕고 격려하는 것이 필요합니다. 하나님의 뜻은 나 홀로 일하는 것이 아니라 함께 동역하는 것입니다.

추수할 것이 많도다

예수님께서 70인의 전도단을 파송하면서 가장 먼저 하신 말씀은 무엇입니까?

> "이르시되 추수할 것은 많되 일꾼이 적으니 그러므로 추수하는 주인에게 청하여 추수할 일꾼들을 보내 주소서 하라"(눅 10:2).

주님의 첫 일성은 "추수할 것이 많다"였습니다. 주님의 시선에서는 구원받아야 할 영혼이 많았습니다. 예수님은 요한복음에서도 이렇게 말씀하셨습니다.

> "나는 너희에게 이르노니 너희 눈을 들어 밭을 보라 희어져 추수하게 되었도다"(요 4:35b).

사마리아 수가 성의 우물가에 한 여인이 물을 길러 왔다가 메시아이신 예수님을 만났습니다. 예수님을 만난 이 여인은 물동이를 버려두고 동네로 뛰어 들어갔습니다. 그리고 사람들에게 내가 메시아를 만났다며 "와서 보라"고 말했습니다. 많은 사람들이 예수를 만나기 위해 나왔습니다. 그 사이 동네에 양식을 구하러 갔던 제자들이 돌아왔습니다. 그들은 이렇게 말했습니다.

"선생님, 시장하시죠. 저희도 엄청 배가 고픕니다. 그래서 음식을 준비해 왔습니다. 이제 드시지요."

예수님과 제자들은 아침에 유대를 출발했습니다. 사마리아에 당도하기까지 4시간 이상 걸었을 테니 시장할 만도 했습니다. 그런데 예수님은 음식을 잡수시지 않고 이렇게 말씀하셨습니다.

"내게는 너희가 알지 못하는 먹을 양식이 있느니라"(요 4:32).

이 말을 들은 제자들은 자신들이 없는 사이에 누가 음식을 갖다 드렸는가 하면서 수군거렸습니다. 주님이 말씀하신 이 양식은 무엇일까요?

"예수께서 이르시되 나의 양식은 나를 보내신 이의 뜻을 행하며 그의 일을 온전히 이루는 이것이니라"(요 4:34).

예수님이 말씀하신 양식은 자신을 이 땅에 보내신 아버지의 뜻을 행하는 것이고, 그의 일을 온전히 이루는 것이었습니다.

"너희들만큼이나 나도 배고프다. 그러나 내게 있어 최고의 양식은 육신의 배고픔을 해결하기보다 지금 나를 향하여 나아오는 저 영혼들을 구원하는 것이야."

이것이 주님의 마음입니다. 그러면서 예수님은 제자들을 향해 이렇게 말씀하셨습니다.

"너희 눈을 들어 밭을 보라 희어져 추수하게 되었도다"(요 4:35b).

희어져 추수하게 된 곡식은 사마리아 여인의 전도를 통해 예수님께로 나아오는 영혼들을 말합니다. 주님은 오늘 우리에게도 예수를 믿고, 구원받아야 할 영혼들을 가리키며 동일하게 말씀하십니다. 사도 바울이 빌립보에서 디모데에게 보낸 편지에는 영혼을 향한 하나님의 마음이 담겨 있습니다.

"하나님은 모든 사람이 구원을 받으며 진리를 아는 데에 이르기를 원하시느니라"(딤전 2:4).

통계청의 2015년 자료를 보면 대한민국 4,900만 인구 중 960만 명이 개신교로 기록되어 있습니다. 이는 이단의 숫자까지 합한 것이니 순수 개신교인은 그보다 더 적을 것입니다. 조금 거칠게 해석하면 산술적으로 10명 중 8명 이상은 구원받아야 할 영혼들입니다.

그러므로 이제 우리도 예수님처럼 눈을 들어 밭을 보아야 합니다.

세상을 보아야 합니다. 주님이 보내신 삶의 현장을 보십시오. 가정과 직장과 주변을 보십시오. 추수를 기다리는 영혼들이 얼마나 많습니까? 구원받아야 할 영혼들이 얼마나 많습니까? 죄와 죽음의 법에 매여 불타는 지옥을 향해 달려가는 영혼들이 얼마나 많습니까? 삶의 이유와 목적을 알지 못한 채 외로움과 고독과 허무로 세월을 허송하는 사람들이 얼마나 많습니까? 지치고 상한 마음을 가지고 살아가는 사람들이 얼마나 많습니까? 이렇게 우리 주님을 만나야 할 영혼들이 많습니다. 그저 낫만 갖다 대면 추수할 영혼들이 참으로 많습니다.

문제는 주님의 눈에는 희어져 추수하게 된 영혼들, 즉 구원받아야 할 영혼들이 보이는데 우리 눈에는 보이지 않는다는 것입니다. 사실 함께 살을 맞대고 살아가는 가족, 매일 만나는 직장 동료, 거래처 사람, 늘 만나 수다를 떨고 속마음을 함께 나누는 친구와 이웃들, 자주 방문하는 가게 주인이나 직원들 등이 바로 희어져 추수하게 된 영혼들입니다. 분명히 하나님께서 그들의 영혼을 추수하기 위해 내 곁에 두셨는데 어찌된 일인지 그 영혼들이 보이지 않습니다.

지금 당신의 눈에는 무엇이 가장 많이 보입니까? 돈입니까? 세상의 인기와 명예입니까? 남들이 부러워하는 좋은 집과 차입니까? 주님의 눈에는 분명 희어져 추수하게 된 영혼들이 보였습니다. 그렇다면 그리스도의 대사로 보냄을 받은 우리의 눈에도 추수하게 된 영혼들이 보여야 되지 않겠습니까?

전도는 영적 추수다

예수님은 전도 곧 영혼 구원을 추수라고 말씀하십니다. 여기에는 어떤 의미가 담겨 있을까요?

첫째, 전도는 하나님께서 심으신 것을 거두는 일입니다. 영적인 추수는 하나님께서 심고 이루어 놓으신 것을 거두는 일입니다. 심지 않고 거둘 수는 없습니다. 누군가 파종을 하고, 가꾸어 놓아야 열매를 거둘 수 있습니다.

농부는 추수를 위해 씨앗을 심고 가꾸는 일을 합니다. 열매를 거둘 때까지 농부가 흘리는 땀방울의 양이 짐작이 됩니까? 어렸을 때 부모님을 따라 밭에 나가 도와드린 고추 농사만 해도 그렇습니다. 먼저 파종을 하기 위해 비료나 퇴비를 뿌리거나 땅을 갈아엎어 좋은 토양을 만들어 줍니다. 또한 빗물이 고이지 않도록 고랑을 만듭니다. 이후 비닐로 흙을 덮은 다음에 물을 주고, 일정한 간격을 따라 모종을 합니다. 자라면 넘어지지 않도록 지지대를 세워 줍니다. 가물면 물을 줍니다. 병충해가 생기지 않도록 농약을 치기도 합니다. 그런 다음엔 마지막에 익은 고추를 거둡니다. 이렇게 그 과정을 글로 설명하니 간단해 보이지만 고추 농사만큼 고생스런 일이 없습니다.

영혼의 추수도 이와 같습니다. 하나님은 우리의 구원을 위해 농부와 같은 수고를 하셨습니다. 하나님 아버지께서 우리의 구원을 계획하셨고, 예수님은 친히 인간의 몸을 입고 이 땅에 오셨습니다. 오셔서 우리의 모든 죄와 허물을 대신 짊어지고, 십자가에서 피 흘려 죽으셨습니다. 또 사망의 권세를 이기고 부활하셨습니다. 그 후 성령을 보내 내가 죄인임을 깨닫게 하고, 예수가 나의 구주임을 깨닫게 해주셨습니다.

인간의 몸을 입고 이 땅에 오신 예수님은 십자가와 부활을 통해 영생의 씨를 심어 놓으셨습니다. 예수님께서는 우리의 구원을 위해 모든 것을 완벽하게 이루어 놓으셨습니다. 그래서 십자가에 달려 죽으실 때 "다 이루었다"라고 말씀하셨습니다.

구원을 위해 인간이 해야 할 일은 없습니다. 성삼위 하나님께서 이 모든 일을 이루셨기 때문입니다. 죄인 된 우리는 그저 하나님이 이루어 놓으신 것을 인정하고 받아들이기만 하면 됩니다. 이것이 복음입니다.

전도는 결코 어려운 것이 아닙니다. 내가 심고 내가 거두려고 하면 분명 어렵습니다. 아니 불가능합니다. 하지만 주님이 심어 놓으신 것을 내가 거두는 것은 결코 어려운 일이 아닙니다. 주님이 그 사람의 영혼 구원을 위해 다 이루어 놓으셨습니다. 우리는 말씀에 순종해 가서 거두기만 하면 됩니다.

예수님은 "눈을 들어 밭을 보라 희어져 추수하게 되었도다"라고 말씀하신 다음에 제자들에게 "내가 너희로 노력하지 아니한 것을 거두러 보내었노니"(요 4:38a)라고 말씀하셨습니다. 우리는 결코 심지 않았습니다. 우리는 삼위 하나님이 심어 놓으신 것을 거두기 위해 보냄 받은 자들입니다. 주님이 거두라 하셨기에 그 말씀에 순종하여 추수하는 것입니다.

　복음을 전하며 영혼을 추수하는 자, 가슴이 뜨거워지지 않습니까? 나의 열심으로 되는 것이 아닙니다. 순종이 우선입니다. 말씀에 순종하며 나아가면 희어져 추수하게 된 영혼을 만날 수 있습니다. 전도는 하나님께서 심고 이루어 놓으신 것을 우리가 복음을 전함으로 거두는 것입니다. 그래서 전도를 영적 추수라고 하는 것입니다.

　둘째, 바로 지금이 추수할 때라는 의미입니다. 씨앗을 심자마자 추수하는 농부는 없습니다. 하지만 우리가 추수할 때는 바로 지금입니다. 사람들은 "넉 달이 지나야 추수할 때가 이르겠다"라고 말하지만 예수님은 "눈을 들어 밭을 보라"고 말씀하십니다. 모든 추수에는 때가 있습니다. 때를 놓치면 모든 노력이 헛수고가 되고 맙니다. 농촌에 가 보면 종종 일손이 달려 버려지는 곡식들을 보게 됩니다. 추수할 때를 놓친 것입니다.

　구원도 마찬가지입니다. 구원의 문은 항상 열려 있는 것이 아닙니다. 내일로 미루다 복음을 듣지 못하여 이 땅을 떠난 영혼들이 얼마나 많습니까? "보라 지금은 은혜받을 만한 때요 보라 지금은 구원의 날이로다"(고후 6:2b)는 말씀처럼 지금이 바로 은혜받을 만한 때요, 그 영혼을 구원해야 할 때입니다. 이 때를 미루다 낭패를 보게 됩니다. 사람의 일은 그 누구도 감히 예측할 수 없습니다. 이사야 선지자도

"여호와를 만날 만한 때에 찾으라"(사 55:6a)고 하지 않았습니까? 때문에 영혼의 추수는 바로 지금입니다. 다음으로 미루면 안 됩니다.

추수할 일꾼을 보내 주소서

추수에는 때가 있습니다.

"추수할 것은 많되 일꾼이 적으니 그러므로 추수하는 주인에게 청하여 추수할 일꾼들을 보내 주소서 하라"(눅 10:2).

주님은 파송받은 70인의 전도인들에게 "추수할 일꾼들을 보내 주소서 하라"고 말씀하셨습니다. 여기에는 두 가지 의미가 있습니다.

첫째, 선교는 기도가 먼저입니다.
주님께서 파송하시면서 그들에게 요구한 첫 번째 메시지는 "전하라"가 아니라 "기도하라"입니다. 선교는 기도로부터 시작되는 것임을 알아야 합니다. 영적 추수는 기도로부터 시작됩니다. 어떤 일이든 기도 없이는 열매를 맺을 수 없습니다.

기도의 내용은 추수할 것은 많으나 일꾼이 적으니 "추수할 일꾼들을 보내 주소서"입니다. 지금 시대에도 마찬가지입니다. 밭은 희어져 추수하게 되었는데 추수할 일꾼은 별로 없습니다. 신앙생활 하는 이들은 많으나 영혼을 살리는 일에, 영적인 추수에 관심을 가진 이는 많지 않습니다. "풍요 속 빈곤"이라는 말처럼 교회 안에 사람은 많으나 복음 전도에 마음과 뜻과 힘을 다하는 이는 그리 많지 않습니다.

그런데 하나님은 우리를 군중이나 관중이 아닌 추수할 일꾼으로 부르셨습니다. 우리 역시 추수할 일꾼을 보내 달라고 기도해야 합니다. 선교는 기도가 먼저입니다.

둘째, 하나님은 사람을 통해서 일하십니다.

"그런즉 그들이 믿지 아니하는 이를 어찌 부르리요 듣지도 못한 이를 어찌 믿으리요 전파하는 자가 없이 어찌 들으리요"(롬 10:14).

하나님은 노아 시대에도 노아로 하여금 120년 동안 방주를 짓게 하셨습니다. 그리고 그 방주를 통해 노아와 그의 가족들을 구원해 내셨습니다. 430년 동안 종살이하던 이스라엘 백성을 애굽에서 구원할 때도 모세를 보내 그들을 구원하셨습니다.

하나님은 전능하십니다. 하지만 사람을 통해 영혼 구원을 행하십니다. 하나님은 그리스도의 대사로 보냄 받은 우리를 통해 복음이 선포되기를 원하십니다. 그 복음을 듣고 많은 영혼이 주께 돌아오기를 원하십니다.

언제 파송하셨는가?

예수님이 70인을 세우고 파송하신 때는 언제일까요? 이때는 어떤 상황이었을까요? 누가복음에 그 근거가 나와 있습니다. 예수님께서는 바로 예루살렘을 향해 나아가는 길에 70인을 파송하셨습니다.

"예수께서 승천하실 기약이 차가매 예루살렘을 향하여 올라가기로 굳게 결심하시고"(눅 9:51).

승천은 곧 죽으심과 부활을 전제합니다. 지금 예수님은 십자가에 달려 죽으시기 위해 나아가고 있습니다. 온갖 수치와 조롱과 멸시를 받기 위해 나아가고 계십니다. 예수님이 예루살렘을 향해 오르신다는 것은 공생애의 마지막 시점에 이르렀음을 뜻합니다. 예수님의 일생이 33년의 짧은 시간임을 감안할 때 이제는 사역을 멈추고, 자신이 살아온 생애를 정리할 때가 되었습니다. 예루살렘에서는 예수를 죽이려는 음모가 꾸며지고 있었습니다.

그럼에도 불구하고 예수님은 멈추지 않고 하나님 나라를 선포하셨습니다. 70인을 세워 친히 가시려는 마을로 앞서 보냈습니다. 예수님은 자신을 죽이려는 음모가 진행되고 있는 상황에서도, 십자가의 고난과 죽음이 임박한 순간에도 변함없이 본래의 사명에 충실하셨습니다. 예수님의 관심은 아버지의 뜻대로 그 일을 이루는 것이었습니다. 곧 희어져 추수하게 된 영혼을 구원하는 일입니다.

애석하게도 우리 주변을 보면 평소에는 신앙이 좋다가도 암 선고를 받거나 사업에 실패하게 되면, 또는 누군가로부터 비난과 조롱을 받게 되면, 그동안 믿고 따랐던 주님에 대해 흔들리는 사람들이 있습니다. '주님을 믿고 따랐는데 내 인생의 결과가 고작 이런 것이란 말인가?' 주님을 원망하며 비탄에 젖는 사람들이 있습니다. 인생의 위기 앞에서 삶의 의미를 상실하고, 모든 것을 체념한 채 죽음의 시간만 기다리는 사람들이 있습니다.

반면 어떤 사람은 암 선고를 받고, 사업에 고비가 찾아오며, 누군가로부터 비난과 조롱을 당해도 삶에 전혀 흐트러짐 없이 자기 일을 묵묵히 감당합니다. 예수님이 그 얼굴을 예루살렘으로 향한 후에도 삶의 방향과 자세가 흐트러지지 않은 것처럼 최후의 순간까지 십자가를 붙들고, 피 묻은 복음을 전하는 이들이 있습니다. 인생의 밤을 만나고, 풍랑을 만나고, 핍박을 당해도 변함없이 하나님께서 자신에게 주신 사명에 최선을 다하는 사람이 있습니다. 주님께서 그 영혼을 부르시는 임종의 순간에도 두려워하지 않고, 자신의 죽음을 바라보는 자들에게 평안의 복음을 전하는 자들이 있습니다.

당신은 어떤 사람입니까? 어떤 사람이 되기를 원합니까? 예수님처럼 인생의 위기와 어려움을 만나도 변함없이 충성스럽게 사명을 감당하는 하나님의 사람이 될 수 있습니까? 인생의 황혼기에도, 눈앞에 놓인 위기와 어려움 가운데서도 삶의 자세를 흩트리지 않고, 희어진 밭을 바라보며 추수할 일꾼으로 나서겠습니까? 인생의 끝이 보이는 시점에서도 이전 못지않은 열심으로 하루하루를 사는 성도가 되기를 바랍니다. 주님께서 내 영혼을 부르시는 임종의 순간에도 두려움 없이 평안의 복음을 전하는 하나님의 대사가 되기를 바랍니다. 가장 아름다운 미소를 띠며 영적 추수의 현장으로 나가는 자들이 되기를 바랍니다.

평안을 빌어 주라

— 눅 10:5-6

이 집이 평안할지어다

"어느 집에 들어가든지 먼저 말하되 이 집이 평안할지어다 하라"(눅 10:5).
"또 그 집에 들어가면서 평안하기를 빌라"(마 10:12).

예수님은 70인의 전도인만이 아니라 열두 제자를 파송하실 때도 가장 먼저 평안을 빌라고 말씀하셨습니다. 어떤 이유에서였을까요?

첫째, 효과적인 복음의 증거를 위해서입니다. 예수님께서 어린양과 같은 우리를 이리 가운데로 보내신 이유가 무엇입니까? 부활하신 주님께서 우리를 당신의 대사로 불러서 세상 가운데 보내신 이유가 무엇입니까? 영혼을 추수하기 위해서입니다.

영혼을 추수하려면 사람들과 좋은 관계를 맺어야 합니다. 복음의 내용이 기쁜 소식 Good News이라 할지라도 사람들과의 관계가 뒤틀려 있으면 누가 그 복음을 받아들이겠습니까? 복음을 전해 그 영혼을 구원하려면 먼저 그 사람과 좋은 관계를 맺어야 합니다.

좋은 관계를 맺으려면 어떻게 해야 합니다. 먼저 친절해야 합니다. 인사를 잘하는 것은 물론, 주변 사람들과 화목하고, 덕을 끼치는 삶을 살아야 합니다. 때로는 손해도 보아야 하고, 남들보다 더 부지런하며 희생적인 삶을 살아야 합니다.

잃어버린 영혼에게 복음을 전하겠다고 하면서 화목하지 못하고 남과 담을 쌓고 지낸다면, 누가 우리가 전하는 복음을 받아들이겠습니까? 불평하고, 끊임없이 분쟁을 일으킨다면 누가 그 사람이 전하는 복음을 받아들이겠습니까? 등장과 함께 모두를 긴장시키고, 모임에 찬바람이 분다면 그를 통해 복음이 전해지겠습니까? 효과적인 복음을 위해서는 먼저 이웃에게 평안을 빌어 주어야 합니다. 내가 만나는 사람에게 축복이 담긴 평안을 빌어 주어야 합니다.

둘째, 우리가 전하는 복음이 바로 평안의 복음이기 때문입니다. 사도 바울은 우리가 전하는 이 복음을 "평안의 복음"이라고 했습니다.

"평안의 복음이 준비한 것으로 신을 신고"(엡 6:15).

그리스도의 복음을 전하는 자들이 누군가의 집에 들어가 "이 집이 평안할지어다"라고 말하는 것은 단순한 인사말이 아닙니다. 물론 유대인들은 이웃을 만나 안부를 물을 때나 헤어질 때 늘 '샬롬'(שלום)으로 평안의 인사를 나눕니다. 샬롬은 유대인들이 아주 즐겨 사용하는 인사말이기도 합니다.

하지만 대사로 보냄을 받은 전도인들이 평안을 빌 때는 단순한 인사말로 평안을 말하지 않았습니다. 예수를 믿고 영접하므로 하나님과 화목하게 되고, 죄와 죽음의 문제를 해결받음으로 그들 가운데 하나님의 나라가 임하기를 원하는 간절한 마음이 담겨 있습니다. 진정한 평안은 예수를 믿음으로만 가능하기 때문입니다. 예수 안에서만 누릴 수 있기 때문입니다.

오직 예수 그리스도를 통해서만 진정한 평안을 누릴 수 있는 이유는 무엇입니까? 예수님이 인간의 몸을 입고, 이 세상에 오셔서 십자가에 달려 죽으심으로 우리 죄의 문제를 해결해 주셨기 때문입니다. 사망 권세를 이기고 부활하심으로 우리 죽음의 문제를 해결하셨기 때문입니다.

누구도 죄와 죽음의 문제를 해결받지 못하면 참된 평안을 누릴 수 없습니다. 인간의 가장 근본적인 문제인 죄와 죽음의 문제를 해결받지 못하면 누구도 하늘로부터 임하는 평안을 누릴 수 없습니다. 죄 문제를 해결받지 못해 하나님과 원수 된 자가 어떻게 평안을 누릴 수 있겠습니까? 죽음의 문제를 해결받지 못해 죽음 앞에 두려워 떠는 자가 어떻게 이 평안을 누릴 수 있겠습니까? 누구든지 복음을 듣고 예수를 영접하면 하나님과 화목하게 되고, 죄와 죽음의 법에서 해방되어 세상이 줄 수 없는 평안을 누리게 됩니다.

성경 곳곳에서 드러나는 예수님의 최고 관심사는 바로 평안이었습니다. 예수님은 십자가에 달려 죽으시기 전에 두려워 떠는 제자들에게 말씀하셨습니다.

"평안을 너희에게 끼치노니 곧 나의 평안을 너희에게 주노라 내가 너희에게 주는 것은 세상이 주는 것과 같지 아니하니라"(요 14:27a).

또 부활하신 후 제자들을 처음 만났을 때도 가장 먼저 평안을 말씀하셨습니다.

"예수께서 오사 가운데 서서 이르시되 너희에게 평강이 있을지어다"(요 20:19b).

곧이어 제자들을 파송하면서도 제자들에게 평안을 약속하셨습니다.

"너희에게 평강이 있을지어다 아버지께서 나를 보내신 것같이 나도 너희를 보내노라"(요 20:21b).

예수님은 십자가에 달려 죽으시기 전에도, 죽음을 이기고 부활하신 다음에도, 제자들을 파송하실 때도 평안을 물으셨고, 또 평안을 약속하셨습니다. 그렇다면 부활하신 주님으로부터 보냄을 받은 우리의 관심도 평안이어야 하지 않겠습니까?

하나님의 대사는 누구를 만나든지 가장 먼저 평안을 구해야 합니다. "주님, 오늘 내가 만난 이 사람이 예수를 영접하므로 하나님과 화목하게 되고, 죄와 죽음의 문제를 해결 받음으로 하나님의 평안이 임하게 하소서!", "예수를 믿음으로 이 가정에 주의 평안이 임하게 하소서!" 이렇게 기도해야 합니다.

하지만 평안의 축복을 누리는 자는 많지 않습니다. 돈 많은 사람이 참된 평안을 누릴까요? 높은 지위에 있는 사람이 영속적인 평안을 보장받을까요? 지식과 학식을 갖춘 사람이 온전한 평안을 누릴까요? 그렇지 않습니다. 진정한 평안은 하늘에서 옵니다. 진정한 평안은 죄와 죽음의 법에서 해방된 자만이 누릴 수 있습니다.

하루에도 수십 명이 스스로 목숨을 끊는 아픔이 있는 이 땅에 진정한 평안이 어디 있습니까? 부패와 사기가 만연하고, 경제적 압박으로 취업과 결혼과 출산을 포기해야 하며, 인간의 존엄성을 짓밟는 범죄와 각종 이념 갈등으로 분노하고 상처받는 이곳에 평안이 어디 있습니까? 이 세상에는 진정한 평안이 없습니다. 평안이 없는 축복은 어떤 것도 진정한 축복이 될 수 없습니다.

삶에 지치고 죄와 죽음의 법 아래 놓여 있는 자들에게 이 평안을 줄 수 있는 이가 누구겠습니까? 바로 그리스도의 대사로 부름 받은 우리입니다. 하나님의 대사가 죄와 죽음 앞에서 두려워 떨며 살아갈 용기마저 잃어버린 사람들에게 진정한 평안을 줄 수 있습니다.

그리스도의 대사는 평안을 선물하는 자요, 평안을 빌어 주는 평안의 전달자입니다. 평안을 찾아 구걸하는 자가 아닙니다. 평안을 전해 주는 하나님 나라의 사자使者입니다. 그러므로 당당하게 그 가정에, 그 영혼에 "평안이 있을지어다"라고 선포하십시오. 이것이 그리스도를 대신하여 대사로 보내심을 받은 우리가 순종해야 할 영적인 사명입니다.

셋째, 우리가 빌어 준 평안이 그곳에 머물거나 우리에게 돌아오기 때문입니다. 예수님은 전도인들을 대사로 파송하면서 왜 가장 먼저 평안을 빌라고 하셨을까요? 그들이 빌었던 평안이 축복의 말대로 그에게 머물 수도 있고, 혹 그렇지 않으면 자신에게로 돌아오기 때문입니다.

"만일 평안을 받을 사람이 거기 있으면 너희의 평안이 그에게 머물 것이요 그렇지 않으면 너희에게로 돌아오리라"(눅 10:6).

예수님은 열두 제자를 파송하시면서도 동일하게 말씀하셨습니다.

"또 그 집에 들어가면서 평안하기를 빌라 그 집이 이에 평안하면 너희 빈 평안이 거기 임할 것이요 만일 합당하지 아니하면 그 평안이 너희에게 돌아올 것이니라"(마 10:12-13).

제자들의 인사는 단순한 인사가 아닙니다. 우리가 그리스도의 대사로서 "이 집이 평안할지어다"라고 선포하고 기도하면, 우리가 빈 평안이 그에게 머물게 되고, 그 집에 임하게 됩니다. 어떤 조건에서 평안이 임한다고 했습니까? '평안을 받을 사람이 거기 있을 때'입니다. 킹제임스 성경 KJV에서는 이 말씀을 'son of peace', 즉 '평안의 아들'로 번역했습니다. 평안의 아들이란 평화에 합당한 사람, 하나님의 축복을 받을 준비가 되어 있는 사람을 말합니다. 마음의 문을 열고 평안을 받아들일 준비가 되어 있는 사람에게 그 평안이 머물게 된다는 것입니다. 평안의 축복을 받을 준비가 되어 있는 사람에게 하나님의 평안이 선물로 주어지게 되는 것입니다.

"그렇지 않으면 너희에게로 돌아오리라"(눅 10:6b).

그러나 평안을 받을 사람이 없으면 그 빈 평안이 내게로 다시 돌아오게 됩니다. 무슨 뜻일까요? 그 집에 사람이 없다는 뜻일까요? 아닙니다. 마음의 문을 닫아 주님이 주시는 평안을 거부하고, 내가 내 인생의 주인으로 살겠다는 사람입니다. 한마디로 평안의 복음을 거부하는 사람입니다. 이렇게 평안을 받을 준비가 되어 있지 않는 사람이라면 빌었던 평안이 내게로 다시 돌아오게 됩니다.

'돌아오리라'라는 단어는 '아나캄프세이'(ἀνακάμψει)인데, 이 말의 뜻은 '뒤쪽으로 향할 것이다', 고로 '출발점이나 발원지로 되돌아간다'는 의미를 가지고 있습니다. 내가 빈 평안이 받을 대상에게 합당하지 않으면, 그 평안이 다른 데로 가지 않고 입을 열어 평안을 빈 그에게로 되돌아간다는 것입니다.

만약 "이 집이 평안할지어다", "하나님, 이 집에 평안을 주소서"라고 기도했는데 안타깝게도 이 집에 거하는 사람이 평안을 받을 준비가 되어 있지 않다면 내가 빈 평안이 다른 곳으로 가지 않고, 그렇게 복을 빌어 준 내게로 돌아오는 것입니다. 그렇다면 저주도 마찬가지 아니겠습니까? 그러므로 누군가를 향해 저주를 말해서는 안 됩니다. 그 저주가 부메랑이 되어 내게로 돌아올 수 있기 때문입니다.

하나님의 대사라면 어느 집에 들어가든지 가장 먼저 평안을 구하십시오. 혹은 '샬롬' 하면서 들어가십시오. 우리의 기도대로 그 가정에 평안이 임한다고 생각해 보십시오. 우리가 선포한 축복대로 그 집에 평안이 머무른다고 생각해 보십시오. 또 설령 평안을 받을 준비가 되어 있지 않아 그 평안이 내게로 임한다면 이것 또한 좋지 않겠습니까? 그러므로 우리는 끊임없이 평안을 빌어야 합니다.

뿐만 아닙니다. 어떤 직장에 들어가든지 가장 먼저 평안을 구하십시오. 또 내 집에 들어갈 때도 가장 먼저 "이 집이 평안할지어다" 하고 선포하며 들어가십시오. 가정에 평안이 쌓여 흘러넘치게 될 것입니다.

주님의 몸 된 교회인 예배당에 들어갈 때도 "이 집이 평안할지어다"라고 평안을 선포하며 기도하십시오. 성전은 하나님의 집이기 때문입니다. 예수님은 "내 집은 만민이 기도하는 집이라"고 말씀하셨습니다.

다윗 역시 "예루살렘을 위하여 평안을 구하라 예루살렘을 사랑하는 자는 형통하리로다"(시 122:6)라고 했습니다. 예루살렘은 성전을 말합니다. 우리는 끊임없이 하나님의 집인 주님의 몸 된 교회의 평안을 구해야 합니다. 교회가 평안해야 성도의 가정과 삶도 평안하기 때문입니다. 이렇게 우리가 하나님의 대사로서 평안을 선포하며 기도하면 축복하는 그에게든지 그렇게 기도하는 나에게든지 반드시 평안이 임합니다.

의심하지 말고 선포하며 기도하라

그러나 많은 사람이 예수님의 말씀대로 "이 집이 평안할지어다"라고 선포하면 정말 평안이 임하는지 의심합니다. 확신을 가지십시오. 믿음으로 선포하고 기도하면 말씀대로 이루어집니다.

주님께서 친히 말씀하셨기 때문입니다. 또한 보냄을 받은 우리가 하나님의 대사이기 때문입니다. 예수님은 70인의 전도인을 파송하면서 분명히 이렇게 말씀하셨습니다.

> "너희 말을 듣는 자는 곧 내 말을 듣는 것이요 너희를 저버리는 자는 곧 나를 저버리는 것이요 나를 저버리는 자는 나 보내신 이를 저버리는 것이라"(눅 10:16).

비록 이름도 알려지지 않은 무명의 평신도들이지만 그들은 그리스도를 대신하는 그리스도의 대사입니다. 때문에 그들의 말을 듣는 자는 곧 예수님의 말씀을 듣는 것이 됩니다.

내가 그리스도를 대신하는 하나님의 대사로서 "이 집이 평안할지어다"라고 선포하면 예수님께서 그 가정에 "이 집이 평안할지어다"라고 선포하는 것과 같습니다. 예수님께서 대사인 우리에게 동일한 권세를 주셨기 때문입니다. 그러므로 우리는 하나님의 대사로서 이 권세를 행사할 사명이 있습니다.

"이 집이 평안할지어다" 하고 선포하십시오. 사명의 현장에서, 만나는 사람마다 마음껏 기도하고 축복하십시오. 그래서 이 땅을 떠나는 그날까지 많은 사람에게 그리스도의 평안을 선물하고, 자신의 심령과 가정에도 평안이 쌓여서 세상이 줄 수 없는 놀라운 평안의 축복을 누리기를 주님의 이름으로 축복합니다.

심판을 선포하라

— 눅 10:10-16

13

복음에 대한 반응

하나님의 대사로 나아가 복음을 전하면 반드시 두 가지 반응이 나타납니다. 70인의 전도인이 나가서 복음을 전할 때 어떤 이들은 마음의 문을 열고 평안의 복음을 받아들였습니다. 그들은 전도인을 자신의 집에 유숙하게 하고 음식을 대접했습니다.

하지만 모든 사람이 복음을 듣고 예수를 영접한 것은 아닙니다. 어떤 사람들은 마음의 문을 닫고 복음을 거부합니다. 예수님을 영접하지 않습니다. 나중에 믿겠다고 말하는 사람도 있지만 실제로 그 사람도 복음을 거부한 것이나 마찬가지입니다.

동일한 햇빛 아래서 양초는 녹아 내리고 진흙은 굳어지듯이 동일한 시간에 동일한 복음을 들어도 어떤 사람들은 복음을 받아들이고 감격하지만, 어떤 이들은 도리어 복음을 거부하고 심지어 박해까지 합니다. 예수님 당시에도 그랬고, 지금도 복음이 증거되는 현장에는 동일한 일들이 벌어지고 있습니다.

너희를 영접하지 아니하거든

본문은 복음을 듣고도 복음을 거부하고 영접하지 않는 자들에 대한 말씀입니다.

> "어느 동네에 들어가든지 너희를 영접하지 아니하거든 그 거리로 나와서 말하되"(눅 10:10).

'영접하지 않는다는 것'은 무엇을 말합니까? 그들이 전하는 평안의 복음, 하나님 나라의 복음을 받아들이지 않는 것을 말합니다. 예수님은 왜 복음을 받아들이지 않는 것을 '너희를 영접하지 아니하였다'라고 말씀하셨을까요? 하나님 나라의 복음을 전하는 그들이 곧 그리스도를 대신한 대사들이기 때문입니다. 그들은 지금 개인의 자격이나 권위를 가지고 복음을 전하는 것이 아닙니다. 그리스도의 대사로서 그리스도로부터 위임받은 권위를 가지고 복음을 전하는 것입니다. 때문에 그들이 전하는 말을 듣지 않는 것은 예수님의 말씀을 거역하는 것이고, 그들을 영접하지 않는 것은 곧 예수를 영접하지 않는 것입니다.

"너희 말을 듣는 자는 곧 내 말을 듣는 것이요 너희를 저버리는 자는 곧 나를 저버리는 것이요 나를 저버리는 자는 나 보내신 이를 저버리는 것이라 하시더라"(눅 10:16).

예수님은 영접하는 자가 없다면 "거리로 나와서 말을 하라"고 하십니다.

"너희를 영접하지 아니하거든 그 거리로 나와서 말하되"(눅 10:10b).

앞서 예수님은 "복음을 듣고 너희를 영접하였을 때에는 그 집에 유하며 주는 것을 먹고 마시라"고 말씀하셨습니다. 그런데 이번에는 반대로 "너희를 영접하지 아니하거든 그 거리로 나와서 말하라"고 하십니다.

'거리'는 좁은 골목길을 말하는 것이 아닙니다. 넓은 길, 많은 사람들이 다니는 넓은 길을 말합니다. 거리로 나와서 말하라는 이유는 그들이 복음을 거부하고 영접하지 않았음을 많은 사람들에게 공개적으로 알리기 위해서입니다. 그리스도의 대사로서 전한 복음을 거부했다는 것을 마을 사람 모두에게 공개적으로 알리라는 것입니다.

예수님은 또한 "발에 묻은 먼지도 떨어버리라"고 말씀하십니다.

"너희 동네에서 우리 발에 묻은 먼지도 너희에게 떨어버리노라 그러나 하나님의 나라가 가까이 온 줄을 알라 하라"(눅 10:11).

발에 묻은 먼지를 떨어 버리는 행위는 복음을 전한 자신에게는 전혀 책임이 없다는 것을 공개적으로 선언하는 일종의 퍼포먼스입니다. '너희가 복음을 영접하지 않음으로 인해 어떤 심판을 받든지 이제 나와는 상관이 없다'는 것입니다. 이는 그들에게 임할 하나님의 심판의 책임이 전적으로 복음을 거부한 그들에게 있음을 선언하는 상징적인 행위입니다.

구약에서 하나님은 에스겔을 파수꾼으로 불러 이렇게 말씀하셨습니다.

"내가 그 앞에 거치는 것을 두면 그가 죽을지니 이는 네가 그를 깨우치지 않음이니라 그는 그의 죄 중에서 죽으려니와 그의 피 값은 내가 네 손에서 찾으리라"(겔 3:20b).

오늘 내가 복음을 전하지 않아서 누군가 회개할 기회를 얻지 못한 채 죽었다면, 그 사람이 멸망한 것에 대한 책임을 내게 물으시겠다는 것입니다. 그래서 바울도 "만일 복음을 전하지 아니하면 내게 화가 있을 것이로다"(고전 9:16b)라고 말했습니다. 이런 이유로 전도인들은 복음을 거부하고 자신들을 영접하지 않을 때 거리로 나왔습니다. 그리고 공개적으로 그 사실을 알리고 자신들의 발에 묻은 먼지도 떨어

버렸습니다.

계속해서 예수님은 하나님 나라가 가까이 왔음을 선포하라고 말씀하십니다.

"그러나 하나님의 나라가 가까이 온 줄을 알라 하라"(눅 10:11b).

'그러나'에 담긴 의미는 무엇일까요? '마음의 문을 닫고 복음을 받아들이지 않는 것은 어쩔 수 없지만 이것만은 알아야 한다'는 것입니다. 이것이 무엇입니까? 하나님 나라입니다. 하나님의 아들 예수 그리스도가 인간의 몸을 입고, 이 땅에 오심으로 하나님 나라가 시작되었음을 말합니다.

그러므로 지금이라도 늦지 않았으니 마음의 문을 열고 회개하고 복음을 받아들여야 합니다. 그럴 때에 하나님 나라의 백성이 될 수 있습니다. 우리는 이 말씀을 통해 한 영혼이라도 포기하지 않으시고, 구원받기 원하시는 하나님 아버지의 마음을 읽을 수 있습니다. 더 나아가 아무리 복음을 받아들이지 않고 거부해도 하나님 나라는 저지될 수 없고, 막을 수 없다는 것을 알게 됩니다. 어떤 악의 권세도 예수님의 죽으심과 부활을 통해 시작된 하나님 나라를 막을 수 없습니다.

복음을 거부한 세 성읍의 결말

예수님은 복음을 거부하고 주를 영접하지 않는 자들에게 임할 하나님의 심판이 얼마나 크고 무서운 것인가를 말씀하시면서, 많은 사역을 하고 권능을 행했지만 복음을 거부한 세 성읍에 대해 말씀하셨습니다. 그 세 성읍은 어디일까요?

"화 있을진저 고라신아"(눅 10:13a).

고라신은 가버나움에서 북서쪽으로 약 4km 떨어진 도시입니다. 성경에는 예수님께서 이곳에서 얼마나 머무셨고, 어떤 일들을 행하셨는지에 대한 구체적인 언급이 없습니다. 다만 "너희에게 행한 모든 권능을 두로와 시돈에서 행하였더라면 그들이 회개하였으리라"는 말씀을 토대로 예수님께서 상당한 관심과 애정을 가지고 이곳에서 많은 권능을 행하셨음을 알 수 있습니다.

"화 있을진저 벳새다야"(눅 10:13a).

벳새다는 갈릴리 호수 북동쪽에 위치한 성읍으로, 베드로와 안드레, 빌립의 고향이기도 합니다. 예수님은 이곳에서 오병이어의 기적을 행하셨습니다. 앞을 보지 못하는 맹인도 고치셨습니다.

"가버나움아 네가 하늘에까지 높아지겠느냐 음부에까지 낮아지리라"(눅 10:15).

가버나움은 예수님의 갈릴리 선교 사역의 중심지였던 곳입니다. 예수님은 가버나움에서 백부장의 종을 고치고, 그의 믿음을 칭찬하셨습니다. 죽은 나인 성 과부의 아들을 살리고, 12년간 혈루병으로 고통받던 여인을 고쳐 주셨습니다. 침상째 메고 온 중풍병자도 고치셨습니다.

이렇게 예수님은 서로 간에 멀지 않은 고라신, 벳새다, 가버나움에서 천국 복음을 전하며 많은 권능을 행하셨습니다. 그런데도 그들은 마음의 문을 닫고 복음을 거부했습니다. "회개하라 천국이 가까이 왔느니라"는 복음을 들었지만 자신들의 죄를 회개하지 않았습니다.

복음을 거부한 성읍과 사람들에 대해 예수님은 "화 있을진저"라고 말씀하셨습니다. '너에게 화가 임하게 되었다'는 것입니다. 이는 그들이 복음을 거부함으로써 받을 심판에 대한 탄식입니다. 예수님께서 고라신과 벳새다, 가버나움 이 세 도시를 향해 "화 있을진저"라고 한탄하신 까닭은 복음을 거부한 그들이 받을 심판이 너무나 크고 무서웠기 때문입니다.

복음을 거부한 자들이 받을 심판

복음을 거부한 자들은 첫째, 소돔과 고모라보다 견디기 어려운 심판을 받습니다.

"내가 너희에게 말하노니 그날에 소돔이 그 동네보다 견디기 쉬우리라"(눅 10:12).

예수님은 열두 제자를 파송하실 때 소돔뿐 아니라 고모라까지 포함시키면서 그날을 심판의 날이라고 분명히 말씀하셨습니다.

"내가 진실로 너희에게 이르노니 심판 날에 소돔과 고모라 땅이 그 성보다 견디기 쉬우리라"(마 10:15).

그날은 하나님 나라가 완전히 임하는 날, 곧 심판의 날을 말합니다. 복음을 듣고도 예수님을 영접하지 않으면 소돔과 고모라 성에 살았던 사람들이 받았던 심판보다 더 견디기 어려운 심판을 받게 됩니다.

소돔과 고모라는 사악한 도시였습니다. 무엇보다도 성적으로 타락했습니다. 하나님께서 심판에 앞서 롯의 가족을 구원하기 위해 두 천사를 보냈습니다. 그런데 동네 사람들이 노소를 막론하고 원근에서 다 모여 롯의 집을 에워싸고 "그들을 이끌어 내라 우리가 그들과 상관하리라"고 말했습니다. 무슨 말입니까? 성적인 관계를 갖겠다는 것입니다. 동성연애를 하겠다는 것입니다. 소돔과 고모라가 얼마나 성적으로 타락해 있었는지 알 수 있습니다. 그래서 하나님께서 소돔과 고모라를 심판하셨습니다.

"여호와께서 하늘 곧 여호와께로부터 유황과 불을 소돔과 고모라에 비같이 내리사 그 성들과 온 들과 성에 거주하는 모든 백성과 땅에 난 것을 다 엎어 멸하셨더라"(창 19:24-25).

하늘에서 유황불이 비처럼 내려 심판했다고 합니다. 소돔과 고모라 사람들이 얼마나 극심한 고통 가운데 죽어 갔을지 도무지 가늠이 되지 않습니다. 그런데 주님은 복음을 듣고도 거부한 사람들이 받게 될 심판의 고통에 비하면 소돔과 고모라 사람들이 당한 심판의 고통은 차라리 더 견디기 쉬운 것이라고 말씀하십니다. 그만큼 복음을 거부한 자들이 받는 고통이 크고 무섭다는 것입니다.

성경은 복음을 거부한 자들이 들어가게 될 지옥을 유황불이 활활 타오르는 불못으로 비유합니다.

"또 그들을 미혹하는 마귀가 불과 유황못에 던져지니… 세세토록 밤낮 괴로움을 받으리라"(계 20:10).
"누구든지 생명책에 기록되지 못한 자는 불못에 던져지더라"(계 20:15).

둘째, 두로와 시돈보다 더 견디기 어려운 심판을 받습니다.

"심판 때에 두로와 시돈이 너희보다 견디기 쉬우리라"(눅 10:14).

두로와 시돈은 갈릴리 북쪽에 있는 항구로서 물질적인 풍요와 쾌

락을 누리던 도시입니다. 그러나 그 도시의 사람들은 하나님을 거역하고, 하나님의 백성을 억압한 결과 하나님으로부터 심판을 받았습니다. 그런데 예수님은 심판 때가 되면 '두로와 시돈이 너희보다 견디기 쉬우리라'고 말씀하십니다. "너희에게 행한 모든 권능을 두로와 시돈에서 행하였더라면 그들이 벌써 베옷을 입고 재에 앉아 회개하였을 것"(눅 10:13b)이기 때문입니다. 그들은 복음을 듣고, 가르침을 받고, 수많은 기적을 보았으면서도 주님을 영접하지 않았습니다.

복음을 듣고도 거부한 자들이 소돔과 고모라보다, 두로와 시돈보다 견디기 어려운 심판을 받는다는 것은 하나님의 심판에 차등이 있다는 것을 뜻합니다. 공의로우신 하나님은 모든 사람을 동일하게 심판하지 않으십니다. 계시를 받은 양에 따라 심판하십니다.

복음을 듣고, 또 주님이 행하신 일을 보고서도 예수를 영접하지 않은 자들은 그렇지 않은 사람들보다 더 크고 견디기 어려운 심판을 받는 것입니다. 천국에도 상급의 차등이 있듯 지옥의 심판도 차등이 있습니다.

"죽은 자들이 자기의 행위를 따라 책들에 기록된 대로 심판을 받으니"(계 20:12b).

교만은 패망의 선봉이다

예수님은 복음을 거부하고 받아들이지 않은 가버나움에 대해 말씀하셨습니다.

"가버나움아 네가 하늘에까지 높아지겠느냐 음부에까지 낮아지리라"(눅 10:15).

예수님은 가버나움에서 많은 시간을 보내며 "회개하라 천국이 가까이 왔느니라"고 천국 복음을 전파하고, 많은 기적을 행하셨습니다. 가버나움 사람들은 한 번쯤 예수님으로부터 친히 복음을 들었고, 또 예수님께서 행하신 기적을 눈으로 보았습니다.

하지만 그들은 예수님을 거부했습니다. 회개하지 않았습니다. 예수님은 이런 행위에 대해 "하늘에까지 높아지려고 했기 때문"이라고 말씀하십니다. 교만 때문에 복음을 거부한 것입니다. 분명 복음을 듣고, 많은 기적을 경험했지만 회개하지 않고, 예수님에게 등을 돌린 것은 바로 교만 때문입니다.

왜 천사가 타락하여 하나님의 심판을 받았습니까?

"내가 하늘에 올라 하나님의 뭇 별 위에 내 자리를 높이리라"(사 14:13a).

하나님과 같아지려는 교만 때문입니다. 인류의 시조인 아담이 타락해 에덴동산에서 쫓겨난 이유가 무엇입니까? 오늘날 많은 사람들이 복음을 듣고도 예수님을 거부하고 영접하지 않는 이유가 무엇입니까? 하나님 없이도 살 수 있다는 교만, 하나님의 은혜가 아니고도 살 수 있다는 교만 때문입니다.

하늘에까지 높아진 가버나움에 대해 예수님께서 뭐라고 말씀하십니까? "음부에까지 낮아지리라." 음부는 곧 지옥을 말합니다. 하늘에까지 높아진 교만 때문에 복음을 거부하고, 예수님을 영접하지 않는 자는 결국 음부에까지 낮아지게 됩니다. 인생의 가장 큰 저주와 비참함은 지옥에까지 내려가 고통을 당하는 것입니다. 그래서 성경은 "교만은 패망의 선봉"이라고 말씀합니다.

"교만은 패망의 선봉이요"(잠 16:18a).

하나님의 대사여, 가서 심판을 말하라

예수님은 70인의 전도인을 파송하면서 가서 복음을 거부하는 자들이 받을 심판에 대해 선포하라고 말씀하셨습니다. 복음을 거부한 자들이 소돔과 고모라, 두로와 시돈보다 더 크고 무서운 심판을 받게 될 것을 말하라 하셨습니다.

그런데 사람들은 심판에 대해 듣고 싶어 하지 않습니다. 굿 뉴스, 좋은 기쁨의 소식을 듣는 것도 부담스러워합니다. 심판을 말하면 되레 화를 내며 기분 나빠합니다. 하지만 하나님의 대사인 우리는 심판에 대해 말해야 합니다. 복음은 언제나 심판과 함께 증거되어야 하기 때문입니다. 하나님의 공의로운 심판을 알아야 복음을 받아들일 수 있기 때문입니다. 엄밀한 의미에서 심판이 없는 복음은 복음이 아닙니다.

주님은 복음을 거부한 자들에게 심판의 저주를 선포하라고 이 말씀을 주신 것이 아닙니다. 분명한 하나님의 심판이 앞에 있는데도 심판을 모르고 살아가는 자들의 모습이 안타까우셨기 때문입니다. 하나님은 우리를 대사로 보내 끝까지 심판을 알리고, 복음을 전해 멸망의 자리에서 마지막 한 사람까지도 구원하고 싶으신 것입니다. 그리고 우리는 하나님의 대사로서 세상으로 나가 심판을 선포하는 사명에 전적으로 순종해야 합니다.

5부 / 하나님 대사의 삶의 태도

모든 일을 주께 하듯 하라

— 골 3:22-24

14

"아버지께서 나를 보내신 것같이 나도 너희를 보내노라"(요 20:21b).

부활하신 주님께서 제자들에게 나타나 하신 말씀입니다. 말씀처럼 부활하신 주님은 오늘날 우리도 하나님의 대사로 이 세상에 보내셨습니다.

우리가 보냄 받은 세상은?

예수님은 70인의 전도인을 파송하면서 "갈지어다 내가 너희를 보냄이 어린양을 이리 가운데로 보냄과 같도다"(눅 10:3)라고 말씀하셨습니다. 우리가 보냄 받은 세상은 각종 우상과 이방신이 강력하게 역사하는 곳입니다. 육신의 정욕과 안목의 정욕과 이생의 자랑이 지배하는 곳입니다.

예수님은 산상 수훈에서 "너희는 세상의 소금이니"(마 5:13a), "너희는 세상의 빛이라"(마 5:14a)고 말씀하셨습니다. 무슨 말입니까? 우리가 사는 세상이 소금이 필요할 만큼 썩고 부패했으며, 빛이 필요할 만큼 죄악으로 인해 어두워졌다는 뜻입니다.

주님은 이런 세상으로 우리를 보내셨습니다. 많은 사람이 세상이 너무 악하고, 음란하고, 썩고, 부패하고, 어둡다고 탄식합니다. 이런 때 그리스도인인 우리마저 탄식하며 불평해야 할까요? 하나님 없는 세상은 원래 그런 곳입니다. 그렇게 악하고, 음란하고, 패역하고, 어두운 곳이 바로 우리가 보냄 받은 세상이고, 우리가 살아가야 할 세상입니다.

그렇다면 세상에서 소금과 빛의 역할을 감당해야 할 하나님의 대사는 어떻게 살아야 할까요?

어떻게 사느냐?

우리는 그동안 '어떻게 믿어야 하는가?'에 대해서는 참 많이 들어 왔고, 가르침을 받았습니다. 처음 예수 믿는 사람이 아니라면 '내가 어떻게 믿어야 하는지'에 대해서는 비교적 잘 알고 있습니다.

하지만 그것 못지않게 중요한 것이 있습니다. 바로 '어떻게 살아야 하는가?'입니다. 어떤 성도는 주일에 교회에 나와 예배드리는 것을 신앙생활의 전부라고 생각합니다. 또 어떤 성도는 바람피우지 않고,

도박하지 않고, 술 담배 하지 않는 것으로 그리스도인의 삶을 살고 있다고 생각합니다. 아직도 많은 성도가 교회에서의 예배, 기도, 전도만을 거룩하다 하고, 교회 밖에서 삶은 세속적으로 여깁니다.

그러나 아닙니다. 우리의 삶 자체가 하나님께 드려지는 예배입니다. 바이어를 만나고, 제품을 만들어 내고, 시장에서 물건을 팔고, 설거지를 하고, 아이를 키우는 일 역시 성전에서 하나님께 찬양과 경배를 드리는 것처럼 거룩한 일입니다. 그래서 '어떻게 예수를 믿느냐?'도 중요하지만 '예수 믿는 우리가 어떻게 사느냐?'가 매우 중요합니다.

어떻게 사느냐의 문제는 관계에 달려 있습니다. 사람은 관계를 통해 성장하고, 사랑과 행복을 경험합니다. 또 관계를 통해 아픔과 상처를 받기도 합니다. "만남은 하늘에 속한 일이고, 관계는 땅에 속한 일이다"는 말이 있습니다. 만남은 물리적으로 내가 어떻게 할 수 있는 일이 아닙니다. 하지만 관계는 나의 수고와 노력에 따라 얼마든지 달라질 수 있습니다. 공부를 잘하고 실력이 뛰어나도 관계에 실패하면 그 사람은 실패한 사람입니다. 성공한 사람들은 대부분 관계에 성공했습니다.

바울 역시 그리스도 안에서 관계의 중요성을 인식하고, 골로새서 3장 18-19절에서는 부부의 관계를, 20-21절에서는 부모와 자식의 관계를, 그리고 22절부터 4장 1절까지는 종과 주인의 관계를 다루었습니다. 본문은 바로 그 종과 주인의 관계에 대해 말씀하고 있습니다. 그렇다면 성경이 말하는 종의 태도는 무엇일까요?

첫째, 육신의 상전들에게 순종하는 것입니다.

"종들아 모든 일에 육신의 상전들에게 순종하되"(골 3:22a).

종들은 육신의 상전들에게 순종해야 합니다. 권위 때문입니다. 순종 '휘파쿠오'(ὑπακούω)는 '~아래에'란 의미의 전치사 '휘포'와 '듣다, 복종하다'라는 의미를 가진 '아쿠오'의 합성어입니다. 순종이라는 단어를 직역하면 '아래서 듣다', '아래서 복종하다'는 의미를 가집니다. 따라서 순종은 권위 아래서 복종하는 것을 말합니다.

그런데 최근 자신의 감정을 더 중요하게 생각하면서 권위를 무시하는 일이 보편화되고 있습니다. 인권이라는 미명 하에 권위를 인정하지 않고, 복종하지 않는 일들이 일어나고 있습니다.

예전에는 "스승의 그림자도 밟지 않는다"는 말이 있을 정도로 선생님을 존경했지만 요즘은 그렇지 않습니다. 직장에서도 상사의 권위를 인정하지 않습니다. 가정에서도 자녀들이 부모의 권위를 인정하지 않습니다. 교회에서도 영적 지도자의 권위를 인정하지 않습니다.

이것은 성경적이지 않습니다. 하나님의 사람들은 어디에서 무엇을 하든 진리를 벗어나지 않는 한 하나님께서 세워 주신 권위를 인정하고, 순종할 줄 알아야 합니다. 세상 사람들이 어리석은 사람이라고 말하고, 시대에 뒤처진 사람이라고 말해도 하나님의 대사는 권위에 순종하는 삶을 살아야 합니다.

둘째, 성실한 마음으로 해야 합니다.

"사람을 기쁘게 하는 자와 같이 눈가림만 하지 말고 오직 주를 두려워하여 성실한 마음으로 하라"(골 3:22b).

당시 종들은 육신의 상전들을 기쁘게 하기 위해 눈가림으로 일하는 경우가 많았습니다. 주인이 있을 때는 열심히 일하는 척하고, 주인이 없으면 게으름을 피우기 일쑤였습니다. 그러나 그리스도인은 어느 때든지 성실해야 합니다.

성실은 하나님 앞에서 꾸밈과 위선이 없는 거룩함과 진실을 말합니다. 다시 말해 성실은 '태도나 언행이 정성스럽고 참된 것, 착하고 거짓이 없는 삶의 태도'를 말합니다.

그렇다면 요즘 같은 세상에 누가 사람의 눈치를 보지 않고, 성실하게 살아갈 수 있을까요? 주를 두려워하는 자입니다. 이런 사람은 상사의 눈치만 보며 사람을 기쁘게 하는 자로 살지 않습니다. 나를 일터에 보내신 주님을 생각하고, 그 주님을 의식하며 살기 때문에 남들보다 성실하게 생활할 수밖에 없습니다. 따라서 직장 생활에서의 참된 성공도 내가 얼마나 하나님을 의식하며 사느냐에 달려 있습니다.

요셉을 보십시오. 형들에게 미움을 받아 애굽의 종으로 팔려 갔습니다. 보디발의 집에서 종살이를 했습니다. 하지만 그는 주인의 눈치를 보지 않고, 맡겨진 일에 성실하게 임했습니다.

"여호와께서 요셉과 함께하시므로 그가 형통한 자가 되어 그의 주인 애굽 사람의 집에 있으니 그의 주인이 여호와께서 그와 함께하심을 보며 또 여호와께서 그의 범사에 형통하게 하심을 보았더라"(창 39:2-3).

지금 요셉의 신분은 노예입니다. 종으로 팔려 온 자입니다. 얼마든지 노예로 전락해 버린 자신의 인생을 비관하며 형들을 원망하고, 주인의 눈치를 보고 요령을 피우며 적당하게 생활할 수도 있습니다.

하지만 요셉은 그렇게 살지 않았습니다. 종으로서의 삶이지만 자신에게 주어진 시간을 허비하지 않고 하나님 앞에서 최선을 다해 살았습니다. 그 결과 하나님을 알지 못한 주인 보디발이 하나님께서 요셉과 함께하심을 보게 되었습니다. 하나님께서 요셉 때문에 범사를 형통하게 하심을 보았습니다.

셋째, 무슨 일을 하든지 주께 하듯 하는 것입니다.

"무슨 일을 하든지 마음을 다하여 주께 하듯 하고 사람에게 하듯 하지 말라"(골 3:23).

바울은 "무슨 일을 하든지 주께 하듯 해야 한다"고 말합니다. 그리스도인이라고 고백하는 우리는 어떻습니까? 교회 안에서 예배드리고 기도할 때는 마음을 다해 주께 하듯 합니다. 문제는 학교나 직장, 가정 등에서 사소한 일상의 일을 할 때는 주께 하듯 하지 못하는 데 있습니다.

테레사 수녀는 "하나님 앞에 사소한 것이란 아무것도 없다"고 말했습니다. 사람의 눈에는 크게 보이는 것과 작게 보이는 것이 있지만 하나님이 보실 때는 별로 차이가 없습니다. 예수님은 "지극히 작은 자 하나에게 한 것이 곧 내게 한 것"(마 25:40)이라고 말씀하셨습니다. 또 "작은 자 중 하나에게 냉수 한 그릇이라도 주는 자는… 결단코 상을 잃지 아니하리라"(마 10:42)고 말씀하셨습니다.

지구상에는 4만여 개의 직업이 있다고 합니다. 러시아워 때 승객들을 차 안으로 밀어 넣는 푸시맨push man이라는 직업이 있는가 하면, 겨드랑이 냄새를 직접 맡아 보고 그 사람에게 맞는 탈취제나 방취제 등을 만드는 데 도움을 주는 겨드랑이 냄새 감별사라는 직업도 있습니다. 이밖에도 시체를 닦는 장례지도사, 죽은 사람의 디지털 흔적을 지워 주는 디지털 장의사, 수십 미터 높이의 동굴 천장에 올라가 고급 식재료로 쓰이는 바다제비의 침샘 분비물을 채취하는 제비집 채굴꾼 등도 있습니다. 직업에는 귀천이 없습니다.

어쩌면 세상의 수많은 일 중에 가장 잔혹하고 비참한 일은 노예가 하는 일일 겁니다. 바울은 비록 그렇게 비참한 일을 할지라도 하나님의 사람으로서 "무슨 일을 하든지 마음을 다하여 주께 하듯 하라"고 했습니다. 관계에 있어 가장 중요한 것이 바로 마음이기 때문입니다.

인간은 제도와 조직, 강요된 명령만으로는 그 죄성을 벗어버릴 수 없습니다. 싱가포르의 엄격한 벌금과 태형 제도로도 우리의 죄성을 억압하지 못합니다. 조금만 법이 느슨하게 작동하거나 보는 사람이 없으면 언제든 그 죄성이 드러납니다.

사람을 변화시키는 것은 제도와 조직과 강요된 명령이 아닙니다. 마음입니다. 마음이 감동을 받고 움직여야 변화됩니다. 예수님은 이 땅에 사는 동안 성마르게 노예제도를 폐지하라고 말씀하시지 않았습니다. 무력으로 로마를 정복하라고 말씀하시지 않았습니다. 하지만 예수님은 이 땅에 계시는 동안 낮고 천한 자들을 사랑하셨습니다. 손가락질을 받으면서도 세리와 창녀들의 친구가 되어 주셨습니다. 다섯 남편이나 둘 만큼 정욕에 목말라 있던 사마리아 여인도 만나 주셨습니다. 주님은 그들의 눈물을 닦아 주시고, 안아 주셨습니다.

바로 그들이 변화되어 예수님의 제자가 되었고, 주님을 전하는 자들이 되었습니다. 그들을 향한 예수님의 사랑이 그들의 마음을 움직였기 때문입니다. 중요한 것은 마음입니다. 따뜻한 마음, 함께하는 마음, 이해하는 마음, 주께 하듯 하는 마음, 바로 그 마음이 사람을 변화시킵니다. 그러므로 우리는 무슨 일을 하든지 마음을 다하여 주께 하듯 해야 합니다.

어떻게 해야 주께 하듯 하는 삶인가?

첫째로, 모든 일과 관계의 중심에 주님이 있어야 합니다. 바울은 남편이 아내를 사랑해야 함을 가르칠 때도 주께서 교회를 사랑하시는 것같이 사랑하라고 말했습니다.

"남편들아 아내 사랑하기를 그리스도께서 교회를 사랑하시고 그 교회를 위하여 자신을 주심 같이 하라"(엡 5:25).

아내가 남편에게 복종해야 함을 가르칠 때도 "아내들이여 자기 남편에게 복종하기를 주께 하듯 하라"(엡 5:22)고 말했습니다. 또 자녀들이 부모에게 순종해야 함을 가르칠 때도 그것이 바로 주 안에서 기쁘게 하는 것이기 때문이라고 말했습니다.

"자녀들아 모든 일에 부모에게 순종하라 이는 주 안에서 기쁘게 하는 것이니라"(골 3:20).

바울은 남편들에게 아내를 사랑하라고 말하면서 왜 주께서 교회를 사랑하시는 것같이 사랑하라고 말했을까요? 아내들에게 남편에게 복종해야 함을 말하면서 왜 주께 하듯 하라고 했을까요? 자녀들에게 부모에게 순종해야 함을 가르치면서 그것이 왜 주 안에서 기쁘게 하는 것이라고 했을까요? 종들에게도 무슨 일을 하든지 왜 마음을 다하여 주께 하듯 하라고 했을까요?

우리의 모든 일과 관계의 중심에 주님이 계셔야만 주께 하듯 할 수 있기 때문입니다. 코람데오 Coram Deo, 요셉처럼 내가 하는 모든 일을 보고 계시는 주님을 의식해야만 그렇게 사랑할 수 있고, 복종할 수 있고, 주께 하듯 할 수 있습니다.

성경은 순종과 복종과 사랑을 말합니다. 하지만 순종할 수 없고, 사랑할 수 없고, 주께 하듯 할 수 없는 상황이 얼마나 많습니까? 아내가 남편에게 복종하고, 남편이 아내 사랑하기를 교회를 사랑하듯 한다는 게 쉬운 일이 아닙니다. 하지만 남편에게는 못해도 주님께는 복종할 수 있지 않습니까? 아내의 모습을 보고는 사랑할 수 없지만 우리 주님은 사랑할 수 있지 않습니까? 부모의 모습을 보면 복종할 수 없지만 우리 주님께는 복종할 수 있지 않습니까?

직장생활도 마찬가지입니다. 단순히 돈을 벌기 위한 수단으로만 직장생활을 한다면 모든 일을 주께 하듯 할 수 없습니다. 하지만 내가 하는 이 일이 주님께서 내게 맡기신 일이라고 생각한다면, 또 이 일이 하나님께 드려지는 삶의 예배라고 생각한다면, 우리는 사람을 의식하지 않고, 불평하지 않고, 모든 일을 주께 하듯 할 수 있습니다. 그러므로 우리의 모든 일과 관계의 중심에는 주님이 계셔야만 합니다.

둘째, 주께 받을 상을 기억해야 합니다. 바울은 우리가 왜 마음을 다하여 주께 하듯 인생을 살아야 하는지 그 이유를 이렇게 말합니다.

"이는 기업의 상을 주께 받을 줄 아니니" (골 3:24a).

하나님께서 언젠가는 기업의 상을 주실 것입니다. 기업의 상은 땅에서 행한 일에 대한 하나님의 보상을 말합니다. 하나님은 교회에서의 일만이 아니라 주님의 이름으로 하는 세상의 모든 일에도 상을 주십니다.

세상에서는 주께 하듯 행한 모든 일에 대해 정당한 대우를 받지 못할 수도 있습니다. 때로는 그로 인해 오해받을 수도 있고, 손해 볼 수도 있습니다. 하지만 마음을 다하여 주께 하듯 하면 주께서는 그 모든 일을 기억하시고, 반드시 갚아 주십니다. 더 좋은 것으로 채워 주시고, 책임져 주십니다.

그렇다면 주님께서 왜 상을 주신다고 말씀하셨을까요?

"너희는 주 그리스도를 섬기느니라" (골 3:24b).

그것이 곧 주님을 섬기는 일이기 때문입니다. 회사의 일이나 개인적인 일, 또한 특별하거나 일상적인 모든 일에 마음을 다하여 주께 하듯 하면 주님이 우리를 외면하지 않으시고, 우리의 기업에 상을 얻게 하십니다. 그 일을 그리스도를 섬기는 일로 간주하시기 때문입니다.

직장을 생계 수단으로만 생각하지 마십시오. 주님을 섬기는 거룩한 일로 생각하십시오. 그렇지 않는다면 부당한 대우를 받을 때 억울

해서 견딜 수 없을 것입니다. 관점을 바꾸십시오. 어떤 상황에서든지 주님을 섬기는 일이라 여기며 마음을 다해 주께 하듯 하십시오.

부활하신 주님께서 우리를 하나님의 대사로 이 세상 가운데 보내셨습니다. 우리가 사는 세상은 그리 만만하지 않습니다. 악하고, 음란하고, 썩고, 부패하고, 죄로 인해 빛이 보이지 않을 만큼 어두운 곳입니다. 하지만 우리는 이런 세상 속에서 소금과 빛의 사명을 감당하며 구별된 자로 살아야 합니다.

바닷물이 왜 썩지 않습니까? 2.7%의 소금 때문입니다. 2.7%의 염분이 나머지 97.3%의 성분을 지탱하고 있는 것입니다. 마찬가지로 예수 그리스도를 믿고 따르는 우리가 마음을 다하여 주께 하듯 살아가면 세상은 지금보다 훨씬 밝고 아름다워질 것입니다.

하나님의 대사로서 어떻게 믿느냐도 중요하지만 세상 가운데서 어떻게 살아야 하느냐 역시 중요합니다. 세상 사람들은 우리가 어떻게 믿는지보다 어떻게 사는지를 유심히 봅니다. 우리가 손을 들고, 손뼉을 치고, 소리를 내어 부르짖는 모습보다 삶의 현장에서 모든 일에 마음을 다하여 주께 하듯 하는 삶을 보고 싶어 합니다.

우리 주님 역시 세상이 더럽고 악하다고 탄식만 하지 않고, 모든 일을 마음을 다해 주께 하듯 하는 그 사람을 찾고 계십니다. 바로 당신이 주님이 찾으시는 그 한 사람이 될 수 있기를 바랍니다.

세상 두려움을 이겨라
— 딤후 1:7

하나님은 하나님의 대사로 세상에서 살아가는 우리에게 주시는 것과 주시지 않는 것이 있습니다.

하나님께서 주시지 않은 것, 두려워하는 마음

"하나님이 우리에게 주신 것은 두려워하는 마음이 아니요 오직 능력과 사랑과 절제하는 마음이니"(딤후 1:7).

한 심리학자가 말했습니다. "이 세상에서 두려움으로부터 자유로운 사람은 오직 두 부류의 사람밖에 없습니다. 죽은 사람과 정신 이상자입니다." 이 말을 뒤집어 보면 대부분의 사람은 두려움 속에 인생을 살고 있다는 뜻입니다.

본문은 "하나님께서 우리에게 주신 것은 두려워하는 마음이 아니"라고 말합니다. 두려움은 결코 하나님으로부터 온 것이 아닙니다. 두려움은 죄의 결과로 인해 우리 인생 가운데 들어왔습니다. 그런데 감사하게도 주님이 이 세상에 오셔서 우리의 모든 죄를 해결해 주셨습니다. 하나님은 당신의 자녀 된 우리가 모든 두려움으로부터 해방되어 자유함을 누리기 원하십니다.

"내가 여호와께 간구하매 내게 응답하시고 내 모든 두려움에서 나를 건지셨도다"(시 34:4).

다윗은 '모든 두려움'이라는 표현을 썼습니다. 유대 왕으로서 하나님의 축복을 충만히 누린 그였지만 그럼에도 그 안에는 많은 두려움이 있었습니다. 우리 인생 역시 마찬가지 아닙니까? 겉보기에는 넉넉하고 평안한 것 같지만 우리 안에도 많은 두려움이 있습니다.

이를테면, 사람들이 모인 곳에 가는 것을 두려워하고, 혹 모임에 참석해도 입이 열리지 않아 한마디 말도 하지 못합니다. 배신에 대한 두려움은 또 어떻습니까? 언제 어떻게 사기를 당할지 몰라 매 순간 의심과 긴장으로 인한 스트레스에 시달립니다. 이밖에도 질병과 죽음에 대한 두려움, 실직에 대한 두려움, 이별에 대한 두려움, 가난, 미신, 미래, 특정한 문양이나 맛, 동물이나 자연 현상에 대한 두려움 등을 겪는 이들이 많습니다.

디모데에게도 역시 두려움이 있었습니다.

"하나님이 우리에게 주신 것은 두려워하는 마음이 아니요"(딤후 1:7a).

바울은 두려워하는 디모데에게 두려움은 하나님이 주신 것이 아니라고 말합니다. 디모데는 청결한 양심과 거짓 없는 믿음을 가진 인물입니다. 젊은 나이에 바울에 이어 에베소 교회의 목회자가 되었습니다. 그렇다 보니 사람들로부터 시기와 질투도 받았고, 연소함으로 인해 업신여김을 당하기도 했습니다. 지금까지는 바울이 버팀목이 되어 목회를 잘할 수 있었습니다. 문제는 자신의 멘토요, 믿음의 아버지인 사도 바울이 또다시 감옥에 갇히게 된 것입니다. 더군다나 이제는 죽음의 순간만을 기다리고 있습니다.

소식을 들은 디모데는 두려움에 사로잡혔습니다. 건강도 그리 좋지 못한 상황이었습니다. 성격이 소심해 늘 만성위장병에 시달렸습니다. 그래서 바울은 고린도 교회 성도들에게 편지를 쓰면서 "디모데가 이르거든 너희는 조심하여 그로 두려움이 없이 너희 가운데 있게 하라"(고전 16:10a)고 부탁했습니다. 이런 일련의 과정들을 보면 디모데는 마음이 여리고 유약한 사람이었음을 알 수 있습니다.

왜 두려워하지 말아야 하는가?

바울은 디모데에게 무조건 '두려워하지 말라!'고 말하지 않습니다. 두려워하지 않아야 할 이유를 설명했습니다. 생각해 봅시다. 우리는 왜 세상에서 두려워하지 말고 살아야 할까요?

첫째, 두려움은 하나님께서 주신 것이 아니기 때문입니다.

"하나님이 우리에게 주신 것은 두려워하는 마음이 아니요"(딤후 1:7a).

바울은 하나님께서 주신 것과 하나님께서 주시지 않은 것을 언급하면서 "두려움은 하나님께서 우리에게 주신 것이 아니"라고 분명히 말합니다. 그렇다면 두려움은 언제, 어떻게 시작이 되었을까요?

결론부터 말하자면 두려움은 죄로 말미암아 발생했습니다. 창세기를 보면 인류의 시조인 아담과 하와가 죄를 지었습니다. 하나님과의 언약을 어기고 선악을 알게 하는 나무의 실과를 먹은 것입니다. 이후 아담과 하와는 두려움에 사로잡히기 시작했습니다. 그들로서는 처음 경험해 보는 두려움이었습니다. 그 전에는 두려움이 무엇인지조차도 몰랐습니다. 아담과 하와는 두려움이 엄습해 오자 하나님의 낯을 피해 동산 나무 사이에 숨었습니다. 그때 하나님께서 아담을 부르셨습니다. "아담아 네가 어디 있느냐." 이에 아담이 대답합니다.

"내가 동산에서 하나님의 소리를 듣고 내가 벗었으므로 두려워하여 숨었나이다"(창 3:10).

두려움은 죄의 열매이자 결과입니다. 죄는 하나님과 우리를 분리시킵니다. 아이가 부모와 떨어지면 두려워하듯 하나님의 형상대로 지음 받은 인간은 하나님과 떨어지면 두려워 떨 수밖에 없습니다.

둘째, 두려움이 현실이 될 수 있기 때문입니다.

욥은 하나님께서 인정할 만큼 온전하고 정직한 사람이었고, 하나님을 경외하며 악에서 떠난 자였습니다. 그런데 어느 날 말로 다 할 수 없는 고난을 당했습니다. 하루아침에 모든 재산을 잃었고, 맏아들과 식사하던 모든 자식이 바람에 무너진 집더미에 깔려 죽었습니다. 엎친 데 덮친 격으로 자신의 몸은 병들었고, 아내마저 "하나님을 욕하며 죽으라"며 자신을 저주했습니다.

온전하고 정직하며 하나님을 경외한 욥에게 왜 이런 일이 일어나야만 했을까요? 사탄은 하나님의 허락 하에 이런 고난을 가져다주었습니다. 또 다른 관점에서 보면 욥이 두려움의 생각을 품고 있었기 때문입니다.

"내가 두려워하는 그것이 내게 임하고 내가 무서워하는 그것이 내 몸에 미쳤구나"(욥 3:25).

욥은 평탄한 순간에도 '혹시 내 자녀가 나보다 먼저 이 세상을 떠나면 어떻게 하나, 이 모든 물질을 잃거나 병들게 되면, 그러다 혹시 아내가 나를 저주하면 어떻게 하나' 이런 두려운 생각을 품고 있었던 것입니다. 결국 어떻게 되었습니까? 두려움의 생각이 현실이 되었습니다.

출애굽 한 이스라엘 백성을 보십시오. 열두 명의 정탐꾼들이 40일 동안 가나안 땅을 정탐하고 돌아와 보고했습니다. 여호수아와 갈렙의 보고는 이러했습니다.

"우리가 곧 올라가서 그 땅을 취하자 능히 이기리라"(민 13:30b).
"그 땅 백성을 두려워하지 말라 그들은 우리의 먹이라"(민 14:9a).

다른 열 명의 정탐꾼들은 달랐습니다.

"우리는 능히 올라가서 그 백성을 치지 못하리라 그들은 우리보다 강하니라"(민 13:31b).
"우리는 스스로 보기에도 메뚜기 같으니 그들이 보기에도 그와 같았을 것이니라"(민 13:33b).

백성들은 어땠을까요? 그들은 10명의 정탐꾼들의 보고를 듣고 이렇게 반응했습니다.

"이스라엘 자손이 다 모세와 아론을 원망하며 온 회중이 그들에게 이르되 우리가 애굽 땅에서 죽었거나 이 광야에서 죽었으면 좋았을 것을"(민 14:2).

하나님이 그 말을 들으셨습니다. "너희 말이 내 귀에 들린 대로 내가 너희에게 행하리니"(민 14:28). 이 말씀처럼 결국 백성들은 자신들의 입에서 나온 말대로 가나안 땅에 들어가지 못하고 광야에서 40년 동안 유리하며 방황하다가 죽고 말았습니다. 두려움을 이겨 내고 도전한 여호수아와 갈렙은 가나안 땅에 들어갔지만 두려움에 사로잡혀 하나님을 원망하던 백성들은 가나안 땅에 들어가지 못하고 자신들의 말대로 광야에서 죽음을 당한 것입니다.

두려움의 생각을 품어서는 안 됩니다. 실패를 두려워하지 마십시오. 미래를 두려워하지 마십시오. 바로 그 두려움이 현실이 될 수 있습니다.

셋째, 두려움은 백해무익하기 때문입니다. 두려움은 이로운 것이 없습니다. 삶을 무기력하게 하고, 자신감을 상실하게 만듭니다. 고양이 앞의 쥐를 보십시오. 쥐는 본래 뒷다리가 길어서 빨리 달릴 수 있습니다. 그런데 이 쥐가 고양이를 쳐다보는 순간 부들부들 떨며 맥을 못 추고 기어갑니다. 더 빨리 달아날 수 있음에도 두려움 때문에 신경이 마비되고, 근육을 제대로 움직이지 못합니다. 우리도 마찬가지입니다. 만약 두려움의 포로가 되면 얼마든지 할 수 있는 것도 하지 못하게 됩니다. 자기 실력을 제대로 발휘할 수 없게 됩니다. 두려움이 올바른 분별과 판단력을 잃게 만들어 버립니다.

다윗을 보십시오. 블레셋의 장수 골리앗을 무너뜨린 인물이 아닙니까? 이스라엘의 왕으로 기름 부음 받은 이가 아닙니까? 그런데 사울 왕에게 쫓겨 다니는 동안 분별력을 잃고, 적국으로 들어가 피신할 생각을 했습니다. 두려움 때문입니다. 너무 오랫동안 사울 왕에게 쫓겨 다니다 보니 판단력이 흐려진 것입니다. 두려움에 사로잡히면 하나님을 온전히 보지 못하고 눈앞에 보이는 현실에만 급급하게 됩니다.

두려움은 또한 관계를 파괴시킵니다. 인간관계에서 생기는 문제들을 보십시오. 대부분은 두려움에 뿌리를 두고 있습니다. 두려움은 사람을 정직하게 대하지 못하게 합니다. 거절을 당할까 봐 두려워서, 혹은 무엇인가를 감추기 위해서 거짓말을 하게 합니다.

두려움은 영적 생활의 중요한 방해물입니다. 두려움을 가진 자는 영적 전쟁을 감당할 수 없습니다. 기드온의 300명 용사를 보십시오. 기드온이 미디안의 군대와 싸우기 위해 군인을 모집했을 때 3만 2천 명이나 모였습니다. 이때 하나님은 너무 많다며 두려워 떠는 자는 돌려보내라고 말씀하셨습니다.

"이제 너는 백성의 귀에 외쳐 이르기를 누구든지 두려워 떠는 자는 길르앗 산을 떠나 돌아가라 하라 하시니 이에 돌아간 백성이 이만 이천 명이요 남은 자가 만 명이었더라"(삿 7:3).

그러자 2만 2천 명이 돌아가고, 1만 명만 남았습니다. 그리고 결국에는 300명의 용사만을 선별하여 미디안 군대를 물리치고 승리하였습니다.

두려움은 건강을 무너뜨립니다. 두려움 때문에 신경이 쇠약해지고, 우울증에 걸리며, 질병에 걸리는 사람들을 어렵지 않게 볼 수 있습니다. 제2차 세계대전 당시 전쟁으로 죽은 미국 군인이 약 30만 명이었습니다. 그런데 사랑하는 아들과 남편을 전쟁터에 보내고 두려움 때문에 심장병으로 죽은 시민은 백만 명이 넘었다고 합니다. 적군의 총칼에 맞아 죽는 것보다 두려움과 공포로 인해 죽은 자가 훨씬 많았던 것입니다.

두려움은 흔들의자와도 같습니다. 흔들의자에 앉아 의자를 흔들어 보십시오. 아무리 흔들어도 여전히 제자리에 있을 뿐입니다. 앞으로 한 발자국도 나가지 못합니다. 두려움과 걱정과 염려는 우리를 흔들어 놓기만 할 뿐, 결코 앞으로 나아가지 못하게 만듭니다. 두려움이 주는 유익은 아무것도 없습니다.

하나님은 끊임없이 "두려워하지 말라"고 말씀하십니다. 아브라함에게도, 야곱에게도, 모세에게도, 다니엘에게도, 다윗에게도, 모든 선지자들에게도 동일하게 말씀하셨습니다. 예수님 역시 제자들과 바울에게 "두려워하지 말라"고 말씀하셨습니다.

성경에 가장 많이 기록된 말도 '두려워하지 말라'로, 총 365회 기록되어 있습니다. 매일 하루하루의 삶이 두려워할 수밖에 없는 상황임을 알 수 있습니다. 하지만 하나님은 오늘도 우리를 향해 "두려워하지 말라!"고 말씀하십니다.

두려움은 하나님께서 우리에게 주신 것이 아닙니다. 두려움을 품으면 그 두려움이 현실이 될 수 있습니다. 두려움은 우리 인생에 어떤 선한 영향력도 끼치지 못합니다.

성경은 두려움의 문제를 굉장히 심각하고, 중요하게 다룹니다.

> "두려워하는 자들과 믿지 아니하는 자들과 흉악한 자들과 살인자들과 음행하는 자들과 점술가들과 우상 숭배자들과 거짓말하는 모든 자들은 불과 유황으로 타는 못에 던져지리니 이것이 둘째 사망이라"(계 21:8).

성경은 두려움의 문제를 둘째 사망에 참여하는 죄악으로 다루고 있습니다. 두려움의 문제를 그저 누구나 있을 수 있는 일인 것처럼 생각하지 마십시오. 두려움은 무서운 것입니다.

어떻게 두려움을 이길 수 있는가?

두려움 가운데 살기 원하는 사람은 아무도 없습니다. 사람은 누구나 두려움을 이겨 내고, 두려움으로부터 자유하기를 원합니다. 문제는 내 힘과 의지, 노력과 결단만으로는 두려움을 이겨 낼 수 없다는 것입니다. 자기계발서를 읽고, 해병대 캠프에 참여하며, 유명한 상담가를 찾아가 조언을 구하는 등 갖은 수를 써도 두려움은 결코 사라지지 않습니다.

두려움은 죄의 결과로 인해 주어진 것입니다. 때문에 죄인 된 우리는 우리 자신의 힘으로 두려움을 몰아내고 승리할 수 없습니다. 그렇다면 평생 두려움의 포로가 되어 살아야 할까요? 그렇지 않습니다. 주님은 우리가 두려움을 정복할 수 있는 세 가지 지혜를 주셨습니다.

첫째는 임마누엘의 신앙입니다.

"두려워하지 말라 내가 너와 함께함이라 놀라지 말라 나는 네 하나님이 됨이라"(사 41:10a).
"내가 네게 명령한 것이 아니냐 강하고 담대하라 두려워하지 말며 놀라지 말라 네가 어디로 가든지 네 하나님 여호와가 너와 함께하느니라 하시니라"(수 1:9).

평생 동안 하나님의 함께하심을 경험했던 다윗도 시편 23편 4절에서 이렇게 노래했습니다.

"내가 사망의 음침한 골짜기로 다닐지라도 해를 두려워하지 않을 것은 주께서 나와 함께하심이라"(시 23:4a).

그렇습니다. 나만 홀로 고난을 당하고, 나만 홀로 남겨졌다는 생각이 들면 두렵습니다. 하지만 하나님이 나와 함께하시면 두렵지 않습니다. 사자굴 속에 던져진다 해도, 풀무불 속에 던져진다 해도 두렵지 않습니다. 이것이 임마누엘의 신앙입니다. 두려움의 반대는 바로 믿음입니다. 우리의 마음이 임마누엘의 믿음으로 충만하면 두려움은 자연히 물러가게 됩니다.

둘째로 하나님을 신뢰하고 의지하는 것입니다.
이것은 내 인생의 모든 염려를 다 주께 맡기는 것을 말합니다. 베드로도 "너희 염려를 다 주께 맡기라"(벧전 5:7)고 말했습니다. 내 인생의 모든 염려와 두려움을 어떻게 다 주님께 맡길 수 있을까요? 기도가 답입니다. 다윗은 두려움에 빠졌을 때 하나님께 간구하며 부르짖었습니다.

"내가 여호와께 간구하매 내게 응답하시고 내 모든 두려움에서 나를 건지셨도다"(시 34:4).
"이 곤고한 자가 부르짖으매 여호와께서 들으시고 그의 모든 환난에서 구원하셨도다"(시 34:6).

다윗이 기도했을 때 하나님은 사울과 블레셋 아기스의 위협으로 인한 두려움에서 그를 건져 주셨습니다. 하나님의 사람은 무릎으로 나아가야 합니다. 주님을 신뢰하며 나아갈 때 하나님께서는 그 상황에 압도되지 않고, 먼저 두려움에서 벗어나도록 해주십니다.

셋째로 성령 충만을 받는 것입니다.

"술 취하지 말라 이는 방탕한 것이니 오직 성령으로 충만함을 받으라"(엡 5:18).

성령 충만은 성령의 지배를 받는 것입니다. 성령께서 내 생각과 감정과 의지를 지배하는 것을 말합니다. 성령 안에서 하나님 나라가 이루어집니다. 하나님 나라는 성령 안에서 의와 평강과 희락을 누리는 것입니다.

제자들을 보십시오. 겁쟁이였던 제자들, 큰소리만 치고 도망갔던 제자들, 문을 꼭 걸어 잠그고 숨어 지내던 제자들이 성령의 충만을 받고 난 다음 어떻게 변화되었습니까? 두려워하지 않았습니다. 복음을 전하는 것, 예수의 이름을 말하는 것, 감옥에 갇히고 순교하는 것에 대해 담대해졌습니다. 예수 그리스도의 영광을 바라보며 성령이 이끄시는 대로 순종하며 나아갔기 때문입니다.

하나님의 대사인 당신이 기도하며 나아갈 때 성령께서 임하셔서 임마누엘의 신앙이 확신 있게 다가오기를 바랍니다. 여호와를 신뢰하고 의지하는 믿음으로 나아갈 때 모든 두려움에서 해방되는 놀라운 역사가 일어나기를 원합니다. 염려를 주님께 맡기고, 기도함으로 성령의 충만을 받으십시오. 성령께서 우리 인생에서 일하심이 축복입니다.

복음과 함께 고난을 받으라

— 딤후 1:8-10

얼마 전 미국인이면서 한국인으로 귀화해서 유창한 부산 사투리와 입담으로 인기를 누리던 모 방송인이 마약 투약 혐의로 기소되었습니다. 이 일로 인해 많은 사람들이 충격을 받았습니다. 그는 몰몬교 선교사로 한국에 들어와 귀화한 몰몬교 신자였습니다. 몰몬교는 술과 담배, 마약은 물론 동성연애와 낙태, 심지어는 커피까지 금하고 있습니다. 그는 체포되어 압송되어 가면서 몰려든 기자들에게 "함께한 가족과 동료들, 그리고 국민들에게 죄송합니다"라고 말했습니다. 인생을 살다 보면 이렇게 남에게 숨기거나 감추고 싶은 부끄러운 일들이 있습니다.

그런데 손해를 보고, 왕따를 당하고, 심지어는 얻어맞고 감옥에 갇혀도 결코 부끄러워해서는 안 되는 것이 있습니다. 바로 복음입니다.

복음 때문에 받는 고난입니다.

복음을 부끄러워 말라

본문은 죽음을 목전에 둔 사도 바울이 로마의 감옥에서 믿음의 아들 디모데에게 보낸 편지입니다. 바울은 믿음의 아들 디모데에게 편지하면서 부끄러워하지 말 것을 권면합니다.

> "너는 내가 우리 주를 증언함과 또는 주를 위하여 갇힌 자 된 나를 부끄러워하지 말고"(딤후 1:8a).

바울이 부끄러워하지 말라고 한 것은 무엇입니까?

첫째, 주를 증언함을 부끄러워하지 않는 것입니다. 주님에 대한 증언은 바로 복음을 말합니다. 바울은 디모데에게 "내가 복음 전하는 것을 부끄러워하지 말라"고 말했습니다. 어떤 이유에서일까요? 당시 이성의 자율성을 내세운 헬라 철학이 팽배하던 상황에서 복음을 전하는 것은 미친 짓으로 여겨졌습니다.

고린도전서 1장 22절에는 "유대인은 표적을 구하고 헬라인은 지혜를 찾는다"고 기록되어 있습니다. 그런데 예수가 하나님의 아들이고, 만왕의 왕이신 그분이 인간의 몸으로 이 세상에 오셨다는 사실이 헬라 철학을 신봉하는 자들에게 어떻게 받아들여졌겠습니까? 예수님이 시간과 공간을 초월하여 우리의 모든 죄를 담당하시고, 십자가에 달려 죽으셨으며, 사흘 만에 부활하셨다는 사실을 그들이 어떻게 받아들일 수 있겠습니까?

그래서 베스도와 아그립바 왕은 사도 바울이 자신들 앞에서 다메섹 도상에서 부활하신 예수님을 만난 사건을 이야기하고, 예수님이 구약에서 예언된 메시아이심을 전했을 때, "바울아 네가 미쳤도다"(행 26:24)라고 소리를 질렀습니다. 지혜를 중시하는 헬라 철학의 입장에서 보면 비참하게 십자가에 달려 죽은 예수를 믿는 것은 너무나 미련하고 미친 짓이었습니다. 그러나 사도 바울은 담대하게 외쳤습니다.

"오직 부르심을 받은 자들에게는 유대인이나 헬라인이나 그리스도는 하나님의 능력이요 하나님의 지혜니라"(고전 1:24).

복음이 미련하게 보이고, 말도 안 되는 것처럼 보여도 구원을 얻은 우리에게는 이 복음이 하나님의 능력이요, 하나님의 지혜입니다. 예수님이 십자가에 달려 죽으심으로 우리의 죗값이 지불되어 죄의 문제를 해결받았고, 부활하심으로 죽음의 문제를 해결받았습니다.

구원받은 우리는 복음과 그 복음 전하는 것을 부끄러워해서는 안 됩니다.

"내가 복음을 부끄러워하지 아니하노니 이 복음은 모든 믿는 자에게 구원을 주시는 하나님의 능력이 됨이라"(롬 1:16a).

사도 바울은 복음과 복음 전하는 것을 부끄러워하지 않았습니다. 복음만이 죽은 영혼을 살릴 수 있기 때문입니다. 복음은 죄와 죽음의 문제를 해결할 수 있는 하나님의 능력이고, 하나님의 지혜이기 때문입니다. 인간의 가장 근본적인 죄와 죽음의 문제를 해결할 수 있는 것은 오직 복음밖에 없습니다. 예수님은 "내가 곧 길이요 진리요 생명이니 나로 말미암지 않고는 아버지께로 올 자가 없느니라"(요 14:6)고 말씀하셨습니다. 그러므로 하나님의 능력인 복음으로 구원받은 우리는 복음을 부끄러워해서는 안 됩니다. 복음 전하는 것을 부끄럽게 생각해서는 안 됩니다.

둘째, 주를 위하여 갇힌 자 된 나를 부끄러워하지 말라고 말합니다.

"주를 위하여 갇힌 자 된 나를 부끄러워하지 말고"(딤후 1:8a).

바울은 복음을 전하다 여러 차례 감옥에 갇혔습니다. 도덕적으로 나쁜 죄를 지어서가 아닙니다. "주를 위하여 갇힌 자 된 나"라는 표현으로 미루어 보면 복음 때문입니다.

바울은 평생 복음을 위해 달려왔고, 복음을 위해 살아왔습니다. 그런데 지금 로마 감옥에 갇혀 죽을 날을 기다리고 있습니다. 그럼에도 그 사실을 부끄러워하지 말라고 말합니다. 아마도 바울을 영적 리더라고 생각했던 많은 사람이 그가 로마의 감옥에 갇히자 부끄러워했던 것 같습니다.

한때 바울의 주위에는 많은 사람들이 있었습니다. 그런데 정작 바울이 또다시 감옥에 갇히자 한 사람, 두 사람 그의 곁을 떠나고 후에는 많은 사람이 그를 버리고 떠나갔습니다.

"데마는 이 세상을 사랑하여 나를 버리고 데살로니가로 갔고 그레스게는 갈라디아로, 디도는 달마디아로 갔고 누가만 나와 함께 있느니라"(딤후 4:10-11a).

디모데후서 1장 15절에서 바울은 "아시아에 있는 모든 사람이 나를 버렸다"고 말합니다. 뿐만 아니라 자신들이 바울과 같은 사람으로 취급당하는 것을 부끄러워하기까지 했습니다. 인간적으로 소망이 없다고 생각했기 때문입니다. 평생 복음을 위해 살았던 바울의 인생 말로가 너무나 초라하게 보였기 때문입니다.

디모데후서 4장에서 바울은 침침하고 습한 로마의 감옥에서 사랑하는 믿음의 아들 디모데에게 "겨울이 오기 전에 어서 오라", 그리고 올 때에 "겉옷을 좀 가져다 달라"고 말합니다. 영광스러운 복음을 위해 살았던 바울의 인생 말로가 너무나 외롭고 초라합니다. 그래서 영국의 신학자 핸들리 모울 Handley Moule 은 "눈시울을 적시지 않고는 디모데후서를 읽을 수 없다"고 말했습니다.

사람들이 자신을 떠나고, 감옥에 갇힌 자신을 부끄러워할 때 바울은 디모데에게 말합니다.

"주를 위하여 갇힌 자 된 나를 부끄러워 말라."

바울은 당당했습니다. 위축되지 않았습니다. 지금 비록 감옥에 갇혀 죽을 날을 기다리고 있지만 복음을 위해 살아온 자신의 인생을 후회하지 않았습니다.

당신은 어떻습니까? 혹 복음을 부끄러워하고 있지는 않습니까? 예수 믿는다는 것을 숨기고 있지는 않습니까? 만일 여러분이 복음을 부끄러워한다면 예수님께서도 거룩한 천사들과 함께 영광으로 다시 오실 때에 여러분을 부끄러워하실 것입니다.

> "누구든지 나와 내 말을 부끄러워하면 인자도 자기와 아버지와 거룩한 천사들의 영광으로 올 때에 그 사람을 부끄러워하리라"(눅 9:26).

복음을 부끄러워하지 마십시오. 신앙생활을 얼마나 오랫동안 했느냐가 중요한 것이 아닙니다. 모태신앙이거나 신앙생활을 오래했다 할지라도 오늘 이 복음을 부끄럽게 생각하고 있다면 당신은 아직 복음의 권세와 능력을 경험하지 못한 사람입니다. 복음은 모든 믿는 자에게 구원을 주시는 하나님의 지혜요, 하나님의 능력입니다.

5부
하나님 대사의 삶의 태도

다시 간곡하게 말씀드립니다. 복음을 부끄러워하지 마십시오. 복음 때문에 불이익을 당하고, 손해 보더라도 위축되지 마십시오. 복음 때문에 사람들로부터 버림받는다 해도 부끄러워하지 마십시오. 가정에서나 직장에서나 언제 어디서든지 "I am Christian! 나는 예수 믿는 사람입니다!"라고 그리스도인으로서 정체성을 분명히 하며 당당하게 살아가십시오.

복음과 함께 고난을 받으라

바울은 복음을 부끄러워하지 않는 것으로 끝나지 않고, 더 나아가 복음과 함께 고난을 받으라고 말합니다.

> "오직 하나님의 능력을 따라 복음과 함께 고난을 받으라"(딤후 1:8b).

"복음과 함께 고난을 받으라", 이 말은 복음을 위해 살면 반드시 고난이 있다는 사실을 말합니다. 성경에도 "그리스도 예수 안에서 경건하게 살고자 하는 자는 박해를 받으리라"(딤후 3:12)고 기록되었습니다. 바울은 고난받고, 감옥에 갇혔습니다. 복음 때문입니다. 예수를 믿음으로 구원받는다는 원색적인 복음을 전했기 때문입니다.

오늘 우리도 마찬가지입니다. "모든 종교는 같습니다. 서로의 길이 다를 뿐입니다"라고 말한다면 우리는 세상 사람들로부터 핍박받지 않을 것입니다. 어쩌면 그들로부터 당신은 '참 깨어 있는 사람', '지성적인 크리스천', '마음이 열린 사람'이라며 칭찬받을지도 모릅니다. 하지만 "예수만이 길이요 진리요 생명입니다", "우리 주 예수 그리스도만이 유일한 구원자이십니다"라고 복음을 전하면 분명 고난을 면하지 못할 것입니다.

성경과 기독교 역사를 보면 복음은 고난과 함께 전파되었습니다. 복음이 증거되는 곳에는 언제나 고난이 따랐습니다. 고난 없는 전도, 고난 없는 선교는 없습니다.

사도행전에는 사도 바울이 복음 때문에 끊임없이 고난받는 장면들이 나옵니다. 유대인들은 바울을 집요하게 따라다니며 괴롭혔습니다. 사도행전 14장에서 바울이 제1차 전도여행을 떠납니다. 비시디아 안디옥의 한 회당에서 복음을 전했을 때, 많은 이방인이 복음을 듣고 예수를 영접했습니다. 하지만 유대인들은 그 시내의 유력자들을 선동해 바울과 바나바를 박해하고 그 지역에서 쫓아냈습니다. 바울은 이에 굴하지 않고 이고니온의 회당에 들어가 주의 복음을 전했습니다. 그러자 비시디아 안디옥에서 유대인들이 이고니온까지 쫓아와 또다시 이방인들을 선동해 바울과 바나바를 모욕하며 돌로 치려고 달려들었습니다.

바울은 이번에는 루스드라에서 복음을 전하기 시작했습니다. 루스드라에서는 나면서부터 걸어 본 적이 없는 사람이 일어나 걷는 기적이 일어났습니다. 그런데 비시디아 안디옥과 이고니온에서 그를 박해하던 유대인들이 그곳까지 찾아와 무리를 충동해 바울을 돌로 쳤습니다.

바울이 돌에 맞고 쓰러지자 그들은 바울이 죽은 줄 생각하고 성 밖으로 내던졌습니다. 하지만 바울은 죽지 않고 일어났고 또다시 루스드라와 더베로 가서 복음을 전하며 많은 사람을 제자로 삼았습니다.

사도행전 16장에서 바울과 실라가 점치는 귀신 들린 여종을 고쳐 주었는데, 이 일로 인해 무수히 맞고 옷이 찢겨진 상태로 감옥에 갇혔습니다. 심지어는 바울을 죽이기 전에는 먹지도 않고 마시지도 않기로 맹세한 사람이 40여 명이나 있었습니다(행 23:21). 이렇게 바울은 진리의 복음 때문에 숱한 고난을 받았습니다.

복음을 위해 살고자 하는 자는 반드시 고난을 받을 수밖에 없습니다. 바울은 믿음의 아들 디모데에게 "오직 하나님의 능력을 따라 복음과 함께 고난을 받으라"(딤후 1:8b)고 말합니다. 복음을 위해 고난을 받을 때 하나님께서는 고난을 이길 수 있는 능력도 함께 주십니다. 같은 본문을 공동번역 성경에서는 "하나님께서 주시는 능력을 가지고"라고 번역했습니다.

하나님은 복음 때문에 고난받는 자를 홀로 버려두지 않으십니다. 복음을 위해 고난받는 자에게 능력을 주십니다. 우리는 하나님이 주시는 능력으로 고난을 이길 수 있습니다. 복음으로 인해 고난받을 때 가장 실제적인 하나님의 능력을 경험할 수 있습니다.

하나님의 능력을 경험하고 싶습니까? 정말 복음의 권세와 능력을 경험하기를 원하십니까? 그렇다면 복음과 함께 고난을 받으십시오. 하나님께서 고난을 이길 능력을 주십니다. 그런데 오늘 우리는 복음의 권세와 능력을 경험하기를 원하면서도 복음과 함께 고난받는 것에는 관심이 없습니다. 하나님이 주신 복에는 뜨겁게 감동하면서 예수 그리스도의 십자가를 함께 지고자 하는 데는 침묵합니다.

바울은 복음 때문에 갇힌 감옥에서, 그것도 죽음이 임박한 순간에 사랑하는 아들 디모데에게 "할 수만 있다면 고난을 피하라", "너는 절대로 나처럼 감옥에 들어오지 마라"고 하지 않았습니다. "하나님의 능력을 따라 복음과 함께 고난을 받으라"고 권면했습니다. 복음을 위해 사는 자에게는 고난이 필수이기 때문입니다.

왜 고난을 받아야 하는가?

복음을 부끄러워하지 말고, 복음과 함께 고난을 받아야 하는 이유가 무엇입니까?

첫째, 은혜로 구원을 받았기 때문입니다.

"하나님이 우리를 구원하사 거룩하신 소명으로 부르심은 우리의 행위대로 하심이 아니요 오직 자기의 뜻과 영원 전부터 그리스도 예수 안에서 우리에게 주신 은혜대로 하심이라"(딤후 1:9).

구원은 부르심으로부터 시작됩니다. 그 부르심은 우리의 행위가 아닌 은혜로 이루어집니다. 우리는 우리의 행위로 인해 구원받은 것이 아닙니다. 오직 그 은혜로 부르심을 받았고, 오직 그 은혜로 값없이 구원을 받았습니다. 때문에 하나님의 은혜를 아는 자는 아무렇게나 살지 않습니다.

"내가 나 된 것은 하나님의 은혜로 된 것이니 내게 주신 그의 은혜가 헛되지 아니하여 내가 모든 사도보다 더 많이 수고하였으나 내가 한 것이 아니요 오직 나와 함께하신 하나님의 은혜로라"(고전 15:10).

은혜를 아는 자는 그 은혜가 헛되지 않게 하려고 더 많이 수고합니다. 하나님의 은혜를 아는 자는 복음을 사소한 것으로 생각하지 않습니다. 복음을 부끄러워하지 않습니다. 복음 때문에 고난받는 것을 두려워하지 않습니다. 빚진 자의 심정으로 살아갑니다.

둘째, 복음만이 생명이기 때문입니다.

"이제는 우리 구주 그리스도 예수의 나타나심으로 말미암아 나타났으니 그는 사망을 폐하시고 복음으로써 생명과 썩지 아니할 것을 드러내신지라"(딤후 1:10).

우리 주 예수 그리스도가 복음입니다. 예수님이 이 땅에 오심으로 사망을 폐하시고, 생명과 썩지 아니함을 드러내셨습니다. 예수 그리스도가 오시기 전까지 모든 인간은 한 사람도 예외 없이 죄와 죽음의 법 아래 있었습니다. 죄의 종이었고, 죗값은 사망이기에 영적으로도, 육체적으로도 죽을 수밖에 없는 상황이었습니다. 그런데 예수님이 이 땅에 오셔서 십자가에서 달려 죽으심으로 죗값을 완벽하게 지불하셨습니다. 또한 부활하심으로 사망의 권세를 무너뜨리셨습니다. 그러므로 누구든지 십자가에 달려 죽으시고, 부활하신 예수를 믿으면 죄와 죽음에서 해방되고 새로운 생명을 얻습니다. 이보다 더 크고 놀라운 소식이 어디 있습니까? 그래서 복음을 'Good News'라고 말합니다.

누구든지 복음인 예수 그리스도를 믿으면 모든 죄로부터 자유함을 얻습니다. 하나님이 주신 새로운 생명을 얻습니다. 하나님의 자녀가 되는 권세를 얻습니다. 그리하여 하나님을 아빠 아버지라 부르며 영광스러운 하나님의 자녀로 이 세상을 살아갈 수 있습니다. 복음을 아는 자는 아무렇게나 살지 않을 뿐더러 아무렇게나 살 수도 없습니다.

그러나 복음을 낭만적으로 생각하지 마십시오. 복음은 죽음을 이기게 하고, 새로운 생명을 얻게 하지만 고난도 동반됩니다. 복음을 부끄러워하지 마십시오. 하나님이 주시는 능력으로 복음과 함께 고난을 받으십시오.

"우리가 그와 함께 영광을 받기 위하여 고난도 함께 받아야 할 것이니라"(롬 8:17b).

신앙의 경주에서 승리하라

— 히 12:1-2

신앙생활은 경주다

신앙생활은 42.195km를 뛰는 마라톤 경주와 같습니다. 성경에는 '달린다'는 표현이 빈번하게 나옵니다. 사도 바울은 죽음 직전에 자신이 살아온 인생을 회고하면서 "나는 선한 싸움을 싸우고 나의 달려갈 길을 마치고 믿음을 지켰으니"(딤후 4:7)라고 고백했습니다. 히브리서 기자도 신앙생활을 "우리 앞에 당한 경주"라고 말합니다.

"우리 앞에 당한 경주를 하며"(히 12:1b).

신앙생활은 한가롭게 오솔길을 거니는 산책이 아닙니다. 저 천성을 향하여 달려가는 경주와 같습니다. 달리고 또 달리는 경주입니다.

주위를 둘러보면 의외로 신앙의 경주에서 낙오하거나 포기하는 사람이 많습니다. 많은 사람이 내리막길을 만나면 인생의 막장이라고 생각합니다. 좁고 험한 길을 만나면 끝장이라고 생각합니다. 극단적인 경우 하나뿐인 자신의 생명을 끊으려고까지 합니다.

그러나 오르막길이 있으면 내리막길도 있습니다. 넓은 길이 있으면 좁은 길도 있습니다. 평탄한 길이 있으면 험한 길도 있습니다. 분명한 것은 지금 내가 살아 있다면 아직 달려야 할 길이 남아 있다는 것입니다. 당신의 인생이 끝났다고 생각하지 마십시오. 하나님의 대사인 우리는 신앙의 경주를 포기해서는 안 됩니다.

그렇다면 이 신앙의 경주에서 승리할 수 있는 방법은 무엇일까요?

신앙의 경주에서 승리하려면

첫째, 허다한 증인들이 있다는 사실을 잊지 말아야 합니다.

"이러므로 우리에게 구름같이 둘러싼 허다한 증인들이 있으니"(히 12:1a).

EPL(프리미어리그)이나 토트넘 손흥민 선수의 활약으로 4강까지 올라간 유럽 챔피언스리그를 보십시오. 큰 경기, 좋은 경기에는 관중이 모여 듭니다. 관중이 많으면 선수들은 그 응원의 열기, 승리의 함성 때문에 더 힘을 내고 최선을 다하게 됩니다.

본문의 "구름같이 둘러싼 허다한 증인"은 관중이 아닙니다. 관중과 증인은 다릅니다. 관중은 직접 경기에 참여하지 못하고 구경만 합니다. 하지만 증인은 구경꾼이 아닙니다. 우리보다 앞서 달려갈 길을 마친 승리자들입니다. 고난과 핍박과 유혹을 이겨 내고 신앙의 경주를 마친 뒤 승리의 면류관을 쓴 사람들입니다.

구름같이 둘러싼 허다한 증인들은 누구입니까? 히브리서 기자는 바로 앞장에서 대표적인 인물들을 소개합니다. 300년 동안 하나님과 동행했던 에녹, 120년 동안 말씀 앞에 순종하며 묵묵히 방주를 지었던 노아, 말씀에 순종하여 갈대아 우르를 떠났고, 독자 이삭을 바치려 했던 믿음의 조상 아브라함, 항상 다툼보다는 화평을 도모했던 이삭, 하나님의 열심에 의해 이스라엘이라는 이름을 얻게 된 야곱, 꿈꾸는 자 요셉, 민족을 애굽에서 이끌어 낸 지도자 모세, 가나안 땅을 정복한 여호수아, 300명의 군사로 미디안을 물리친 기드온, 기도를 쉬지 않았던 사무엘, 하나님의 마음에 합한 자 다윗, 우상숭배를 거부하다 사자굴 속에 던져진 다니엘, 풀무불 속에 던져진 세 친구 사드락, 메삭, 아벳느고입니다. 또 신약시대의 베드로를 비롯한 예수님의 열두 제자들입니다. 종교개혁자 칼뱅과 루터, 신사참배를 거절하다 순교한 주기철 목사님, 사랑의 원자탄 손양원 목사님을 비롯한 순교자들입니다.

핍박과 궁핍과 가난과 고통을 이겨 내고 달려갈 길을 마친, 구름같이 둘러싼 허다한 증인들이 지금 당신을 응원하고 있습니다. 관중이 관람석에서 선수를 응원하듯 하늘에서 수많은 믿음의 선배들이 지금 당신을 바라보면서 응원하고 있습니다.

"낙심하지 말라, 굴복하지 말라, 두려워하지 말라, 반드시 승리의 면류관이 예비되어 있다. 조금만 더 힘을 내라, 하나님은 감당할 수 없는 시험 당함을 허락지 않으신다."

신앙의 경주를 하는 우리는 이 응원의 함성, 승리의 함성을 들어야 합니다. 내가 결코 혼자가 아님을 깨닫고, 다시 힘을 내어 선한 싸움을 싸우고 달려가야 합니다. 신앙의 경주에서 승리하려면 구름같이 둘러싼 허다한 증인들이 나를 지켜보며, 응원하고 있다는 사실을 잊지 말아야 합니다.

둘째, 무거운 것과 얽매이기 쉬운 죄를 벗어 버리십시오.

"모든 무거운 것과 얽매이기 쉬운 죄를 벗어 버리고"(히 12:1b).

무거운 군화를 신고 마라톤 경기를 뛰는 사람을 보았습니까? 한복을 입거나 갓을 쓰고 경기하는 사람을 보았습니까? 경주자는 무거운 의복을 입거나 무거운 신발을 신고는 뛸 수 없습니다. 신앙생활도 마찬가지입니다.

히브리서 기자는 먼저 모든 무거운 것을 벗어 버리라고 말합니다. 신앙의 경주에서 무거운 것은 무엇일까요? 세상의 근심과 염려, 걱정입니다. 이 감정들로 가득한 자는 하나님의 대사로서 사명의 길을 달려갈 수가 없습니다.

예수님께서도 "너희 중에 누가 염려함으로 그 키를 한 자라도 더 할 수 있겠느냐"(마 6:27)고 말씀하셨습니다. 여기서 '키'는 생명의 길이를 말합니다. 누가 염려한다고 해서 자신의 생명을 마음대로 연장시킬 수 있느냐는 것입니다. 그렇습니다. 걱정과 염려를 통해 문제가 해결되지 않습니다. 도리어 내 영혼의 짐이 되고, 독이 됩니다. 사도 바울도 "세상 근심은 사망을 이루는 것이니라"(고후 7:10b)고 했습니다. 근심의 결과는 사망입니다. 신앙의 경주자인 우리는 인생의 염려를, 인생의 짐을 주님께 맡겨야 합니다. 그래서 베드로는 환난과 박해 가운데 있는 성도들에게 이렇게 권면했습니다.

"너희 염려를 다 주께 맡기라 이는 그가 너희를 돌보심이라"(벧전 5:7).

또 신앙의 경주자는 얽매이기 쉬운 죄를 벗어 버려야 합니다. 죄는 우리의 마음과 영혼을 얽매이게 만듭니다. 성경은 죄를 품지 말고 회개하라고 말합니다. 왜 그렇습니까? 죄는 중독성이 있어 매임을 당하게 만들기 때문입니다.

부둣가의 배를 보십시오. 묶여 있는 배는 아무리 노를 저어도 앞으로 나아가지 못합니다. 마찬가지로 인간도 죄에 매여 있으면 하나님께로 나아갈 수가 없습니다. 죄악의 줄을 끊어 버려야 하나님과 깊은 교제를 나누고, 기도의 응답을 경험할 수 있습니다.

그렇다면 어떻게 죄를 회개해야 합니까? 더러운 옷을 벗어 버리듯 버려야 합니다. 미련을 갖지 말고 버리라는 것입니다. 앞서간 믿음의 선배들 역시 완전한 자가 아니었습니다. 아브라함과 야곱, 다윗 같은 믿음의 조상들도 우리처럼 죄를 지었고, 넘어졌습니다. 중요한 것은 그들은 계속적으로 죄 가운데 있지 않았다는 것입니다. 지은 죄를 철저하게 회개하고 끊어 버렸습니다. 이렇듯 우리 역시 얽매이기 쉬운 죄를 벗어 버려야 합니다.

지금 내 신앙의 경주에서 앞으로 나아가지 못하게 만드는 것이 무엇입니까? 예전처럼 은혜의 보좌 앞으로 담대히 나아가지 못하게 하는 것이 무엇입니까? 무엇이 당신으로 하여금 깊은 기도의 자리에 나아가지 못하게 하고 있습니까?

여가 생활입니까? 드라마나 오락 프로인가요? 게임이나 여행, 아니면 돈에 대한 애착입니까? 취미나 레저 활동을 통해 휴식을 취하고 활력을 얻는 것은 좋은 일입니다. 그러나 신앙생활에 지장을 초래할 정도로 매임을 당하면 안 됩니다. 신앙의 경주자인 우리는 무거운 것과 얽매이기 쉬운 죄를 벗어 버려야 합니다.

셋째, 인내로써 끝까지 경주해야 합니다.

"인내로써 우리 앞에 당한 경주를 하며"(히 12:1b).

신앙의 경주자에게는 인내가 필요합니다. 아무리 힘들고 어려워도 중간에 포기하거나 주저앉지 말아야 합니다. 신앙의 경주는 단거리가 아닙니다. 100m를 뛰는 선수들은 한 번의 호흡으로 100m를 달린다고 합니다. 단거리는 순식간입니다.

하지만 신앙의 경주는 42.195km를 달리는 마라톤과 같습니다. 마라톤 하는 이들에 의하면 20마일 그러니까 32km지점을 달릴 때가 제일 힘들다고 합니다. 바르셀로나 올림픽에서 금메달을 땄던 황영조 선수 역시 어떤 때는 가슴이 너무 조여서 자동차에 뛰어들거나 그냥 이대로 죽고 싶을 때도 있었다고 인터뷰한 적이 있습니다.

신앙의 경주자인 우리 역시 도중에 '포기해 버릴까', '그만둘까' 하는 생각이 들 때가 있습니다. 신앙생활을 하다가 갑자기 의욕을 잃어버릴 때가 있습니다. 만사가 귀찮고, 열정이 사라져 버릴 때가 있습니다. 피곤하여 낙심될 때도 있습니다. 만약 힘들다고 포기해 버리면 신앙의 경주를 마칠 수 없습니다. 포기하지 않고, 인내하는 자가 마침내 승리의 면류관을 쓸 수 있습니다.

모교 졸업식에 참석해 어린 학생들 앞에서 연설한 윈스턴 처칠의 외침은 지금도 회자되고 있습니다.

"학생 여러분, 무슨 일이 있어도 포기하지 마십시오. 끝까지 포기하지 마십시오. 그리고 절대로 포기하지 마십시오!"

2절에서 우리 예수님도 그 앞에 있는 기쁨을 위하여 십자가를 참으셨다고 했습니다.

"그 앞에 있는 기쁨을 위하여 십자가를 참으사"(히 12:2b).

예수님은 곤욕당해 괴로울 때도 입을 열지 않으셨습니다. 마치 도수장으로 끌려가는 어린양과 털 깎는 자 앞에서 잠잠한 양같이 그의 입을 열지 않으셨습니다. 제자들의 배신에도 인내하셨습니다. 희롱을 당하고, 발가벗김을 당하면서도, 짓밟힌 장미꽃처럼 채찍에 맞아 쓰러지면서도, 십자가에 못 박히면서도 예수님은 인내하셨습니다.

우리 역시 중도에 포기해서는 안 됩니다. 당신의 인생을 포기하지 마십시오. 가정을 포기하지 마십시오. 일터를 포기하지 마십시오. 한 영혼의 구원을 포기하지 마십시오. 하나님의 대사로서 사명을 포기하지 마십시오. 하나님이 내게 주신 꿈을 포기하지 마십시오. 사랑하는 부모의 영혼과 자식의 변화를 포기하지 마십시오.

하나님이 나를 포기하지 않으셨다면 우리 역시 자신을 포기해서는 안 됩니다. 지금 숨이 막힐 정도로 힘들고, 한계를 느끼고 있다면 그것은 역설적으로 결승점이 얼마 남지 않았다는 증거입니다. 하나님이 당신의 인생에 개입하실 시간이 다가온 것입니다. 사람의 끝이 하나님의 시작이기 때문입니다.

넷째, 예수를 바라보십시오.

"믿음의 주요 또 온전하게 하시는 이인 예수를 바라보자"(히 12:2a).

신앙의 경주에는 푯대가 중요합니다. 인생은 열정보다 방향이 중요합니다. 푯대 없이 달려가면 시간과 물질만 낭비하고 끝나 버립니다. 바울이 끝까지 믿음을 지킬 수 있었던 것도 푯대가 분명했기 때문입니다. 푯대가 분명했기에 사람들에게 배신당할 때에도 주저앉지 않았습니다. 예수를 바라보며 자신의 사명을 깨달았기에 감옥에 갇혀 있을 때도, 배고프고 추울 때도 푯대를 향해 달릴 수 있었습니다. 푯대가 분명하면 어떤 상황에서도 멈추지 않습니다.

신앙의 경주에서 바라봐야 할 푯대는 무엇입니까? 우리 삶의 이유이며 인생의 해답이 되시는 예수 그리스도입니다. 그래서 히브리서 기자는 "믿음의 주요 온전하게 하시는 이인 예수를 바라보자"(히 12:2)고 말합니다.

이는 예수님이 '우리 믿음의 시작 곧 창시자이며, 우리 믿음의 완성자다'는 말입니다. 예수님은 우리 믿음의 시작입니다. 예수님이 인간의 몸을 입고, 세상에 오셔서 십자가에 달려 죽으시고, 부활하심으로 우리가 구원을 받게 되었습니다. 뿐만 아니라 심판의 주로 다시 오실 것입니다. 그러므로 예수님이 우리 믿음의 시작이 되고, 또한 우리 믿음의 완성이 되는 것입니다.

승리하신 예수 그리스도를 바라보라

다시 한 번 강조하지만 우리는 믿음의 주요, 온전케 하시는 예수를 바라보아야 합니다. '바라본다'는 말은 시선을 집중하여 바라보는 것을 말합니다. 문법적으로는 현재분사로 되어 있습니다. 사냥꾼이 사냥감을 응시하듯 집중하여 계속 바라보는 것입니다.

그러나 세상에는 우리를 그리스도에게로 집중하지 못하게 만드는 것들이 너무나 많습니다. 삶의 문제들이, 수많은 유혹이 우리로 하여금 주님을 보지 못하게 합니다. 물 위를 걷던 베드로가 언제 물속에 빠졌습니까? 예수님이 아닌 바람과 파도를 볼 때였습니다.

문제를 보지 마십시오. 인생의 풍랑만을 보지 마십시오. 내 앞에 서 있는 골리앗에 시선을 빼앗기지 말고, 위대한 목회자도 바라보지 마십시오. 오직 예수님만 바라보아야 합니다.

"그 앞에 있는 기쁨을 위하여 십자가를 참으사 부끄러움을 개의치 아니하시더니"(히 12:2b).

예수님은 자기 앞에 있는 기쁨을 위하여 십자가를 참으셨습니다. 그 기쁨은 십자가를 통해 주어질 영광과 축복입니다. 지옥에 떨어져야 할 영혼들, 무저갱에 던져질 수많은 영혼이 죄와 죽음의 법에서 해방되어 하나님의 자녀가 되는 기쁨입니다. 잃어버린 하나님의 형상을 회복하는 기쁨입니다. 새 하늘과 새 땅이 열리고, 모든 구속받은 자들이 하나 되어 보좌에 앉으신 하나님을 경배하는 영광스러운 날입니다.

이 때문에 예수님은 십자가를 참으셨습니다. 부끄러움을 개의치 않으셨습니다. 낮고 천한 이 땅에 인간의 몸을 입고 오시는 것을 부끄러워하지 않으셨습니다. 목수로 일하는 것을 부끄러워하지 않으셨습니다. 인간들에 의해 못 박히시고, 발가벗겨지시고, 수치와 조롱을 받으신 것을 부끄러워하지 않으셨습니다. 바로 나 같은 죄인을 구원하시기 위해서 말입니다.

우리는 어떻습니까? 복음을 부끄러워합니다. 십자가 지는 것을 부끄러워합니다. 예수 믿는 것을 부끄러워합니다. 예수 믿는다는 이유로 고난받는 것을 부끄러워합니다. 부끄러워하지 말아야 할 것들을 부끄러워합니다. 남보다 작은 차를 타고 다니는 것, 작은 아파트에 사는 것, 남들과 비교해 못생긴 외모와 작은 키를 부끄러워합니다. 이런 것은 결코 부끄러운 것이 아닙니다.

예인건축연구소 이효진 소장을 보십시오. 생후 18개월 만에 얼굴에 중화상을 입었습니다. 그 때문에 학교 다닐 때는 땅만 보고 다녔습니다. 하지만 주님을 만난 뒤 하나님께서 붙여 준 '미스 헤븐'이란 이름으로 당당하게 살아가고 있습니다. 결혼 후 두 아이를 낳고서 『세상에서 제일 예쁜 엄마』(규장, 2017)라는 책도 출간했습니다.

정말 부끄러워해야 하는 것은 복음을 위해 살지 못한 것, 말씀대로 순종하지 못한 것, 불의와 타협하고 돈으로 문제를 해결하려고 했던 것, 질서를 지키지 않고, 권위를 무시하고, 손해 보지 않으려고 거짓을 말한 것, 이런 것들입니다.

주님은 우리에게 주어질 영광과 축복으로 인해 십자가에서 받는 부끄러움을 개의치 않으셨습니다. 그러므로 우리도 장차 누릴 그 영광을 생각하면서 오늘 주님 때문에 받는 고난을 부끄러워하지 말아야 합니다.

히브리서 기자는 또한 '하나님 보좌 우편에 앉으신 예수를 바라보라'고 말합니다.

"하나님 보좌 우편에 앉으셨느니라"(히 12:2c).

보좌 우편에 앉으셨다는 것은 곧 승리하신 예수 그리스도를 말합니다. 우리는 마귀의 일을 멸하고, 승리하신 예수 그리스도를 바라보아야 합니다. 그래야 주님의 승리를 경험하며 살 수 있습니다.

예수님은 지금도 하나님 보좌 우편에서 우리를 위해 기도하고 계십니다. 오늘도 내 믿음이 떨어지지 않도록 기도하시는 예수님을 바라보십시오. 주님께서는 오늘의 고난을 이겨 내고 달려갈 힘을 주십니다.

신앙생활은 경주입니다. 42.195km를 달리는 마라톤과 같습니다. 때로는 숨이 차고 답답합니다. 긴 레이스에서 분명 주저앉고 싶을 때가 있습니다. 하지만 나의 힘이 되신 여호와께서 나와 함께하심을 기억하십시오. 빛 되신 주께서 나의 달려갈 길에 안내자가 되어 주십니다. 거친 세파가 몰아쳐도 나의 안식처가 되시며 나와 함께 동행하십니다.

그러니 두려워하지 마십시오. 모든 무거운 것과 얽매이기 쉬운 죄를 벗어 버리십시오. 세상의 근심과 걱정과 염려를 내려놓으십시오. 진리요 생명이신 예수 그리스도의 길을 따라가십시오. 믿음의 주요 온전케 하시는 이인 예수님을 바라보십시오. 자기 앞에 있는 기쁨을 위하여 십자가를 참으사 부끄러움을 개의치 않으신 주님을 바라보십시오. 승리하심으로 하나님 보좌 우편에 앉아 계신 주님을 바라보십시오. 그럴 때 하나님의 대사가 신앙의 경주에서 승리할 수 있습니다.

배우고 확신한 일에 거하라

— 딤후 3:13-15

젊은이들이 사용하는 단어 가운데 '썸'이라는 말이 있습니다. '썸'이란 영어의 '썸씽'(something: 어떤 것, 무엇)의 준말로 아직 연인 관계는 아니지만 호감을 가지고 서로를 알아가고 있는 남녀 사이의 관계를 말합니다. 그래서 '썸 탄다' 할 때는 연인같이 행동하지만 연인은 아닌, 한마디로 연인인지 친구인지 알쏭달쏭한 상태, 애매모호한 상태를 일컫습니다.

그런데 하나님과의 관계에서도 이렇게 썸을 타는 이들이 있습니다. '하나님이 정말 나의 아버지이고, 나는 그의 아들인가?' 확신이 서지 않습니다. 예수 믿은 지는 오래됐지만 여전히 관계가 확실하지 않습니다.

확신이 없는 시대

지금 우리는 불확실한 시대를 살고 있습니다. 다음 세대인 우리 자녀들을 보면 특히 미래, 성공, 결혼에 대한 확신이 없습니다. 그래서인지 통계를 보면 10대, 20대, 30대의 사망 원인 중 자살이 압도적 1위로 나타납니다. 또한 미혼 남녀들 중 24%가 '결혼을 포기했다'고 합니다.

그런데 이보다 더 큰 문제가 있습니다. 그것은 진리에 대한 확신이 없는 것입니다. 구원의 확신이 없습니다. 기도 응답의 확신이 없고, 하나님의 사랑, 죄 사함, 성령의 인도하심에 대한 확신도 없습니다. 예수 믿은 지는 오래되었지만 하나님과의 관계가 확실하지 않습니다. 하나님과 썸만 타는 관계로 유지합니다.

2019년 2월 교회성장연구소에서 크리스천 청소년 11~20세를 대상으로 설문조사를 했습니다. 그들 중 42%가 구원의 확신에 대해 부정적으로 대답했습니다. 교회를 다니는 청소년 두 명 중 한 명은 구원의 확신이 없는 것입니다.

하나님은 확신 없는 것을 싫어하십니다. 예수님은 이 땅에 오셔서 우리를 위하여 죽으심으로 자기의 사랑을 확증해 보이셨습니다.

> "우리가 아직 죄인 되었을 때에 그리스도께서 우리를 위하여 죽으심으로 하나님께서 우리에 대한 자기의 사랑을 확증하셨느니라"(롬 5:8).

너는 확신한 일에 거하라

사도 바울은 죽음이 임박한 마지막 순간, 믿음의 아들이요 목회자인 디모데에게 "너는 배우고 확신한 일에 거하라"고 권면합니다.

"그러나 너는 배우고 확신한 일에 거하라"(딤후 3:14a).

"확신한 일에 거하라"는 말은 '계속하여 머물라, 굳게 붙들라'는 말입니다. '확신을 가지고 살라'는 것입니다. 사도 바울이 세상을 떠나기 직전에 믿음의 아들이요, 목회자인 디모데에게 이렇게 확신을 강조한 이유는 무엇일까요?

첫째, 확신이 없으면 신앙생활이 불가능하기 때문입니다. 확신이 없으면 담대히 복음을 전할 수 없습니다. 예수만이 길이요 진리요 생명이라는 확신, 죽음은 끝이 아닌 영원한 세계의 시작이라는 확신이 있어야 복음을 전할 수 있습니다. 확신이 없으면 영적 전쟁을 할 수도 없습니다. 기도할 수도 없고 평안을 누릴 수도 없습니다.

신앙생활을 하면서 마음에 두려움이 가득 차 있는 이유가 무엇입니까? 확신이 없기 때문입니다. 하나님이 나와 함께하신다는 확신, 모든 것이 합력하여 선을 이룬다는 확신, 지금 고난 가운데 있을지라도 이 연단을 통해 정금같이 나오게 될 것이라는 확신이 없기 때문입니다.

둘째, 확신 있는 가르침만이 사람을 변화시킬 수 있기 때문입니다. 목회하면서 보니 확신이 없으면 하나님의 능력이 나타나지 않습니다. 목회자에게는 확신이 있어야 합니다. 부모와 교사 역시 마찬가지입니다. 그래야 자녀들에게, 제자들에게 확신을 가지고 가르칠 수 있습니다.

"너는 아무리 바빠도 예배의 사람이 되어라. 네가 정말 하나님이 찾으시는 예배자가 되면 하나님께서 너의 인생을 책임져 주실 것이다. 지금 당장은 어려울 수 있겠지만 하나님이 반드시 너를 들어 쓰실 것이다. 하나님께서 너를 축복의 통로로 사용하실 것이다."

확신이 있어야 내 자녀들에게, 제자들에게 "주일성수를 하라", "온전한 십일조를 드려라", "손해를 보더라도 정직하게 살아라"고 말할 수 있습니다.

셋째, 확신이 있는 자가 미래를 앞당겨 오늘을 살 수 있기 때문입니다. 하나님의 말씀에 대한 확신, 신실하신 하나님에 대한 확신으로 사는 사람은 눈앞의 고난이 힘들고 어려워도 장차 이 고난이 내게 유익이 될 것을 굳건히 믿습니다. 때문에 오늘을 감사하고, 평안을 누리며 살 수 있습니다. 하나님의 사람은 지금 내가 처한 상황만을 보지 않습니다. 하나님의 말씀을 붙들고 미래를 바라봅니다.

현재의 고난은 장차 우리가 받을 영광과 비교할 수 없음을 알기에 인생의 밤 가운데서도 하나님을 찬양할 수 있습니다. 깊은 웅덩이와 수렁 가운데 빠져 있을 때도 역전의 하나님을 노래할 수 있습니다.

반대로 미래를 앞당겨 오늘을 염려하며 살아가는 사람들이 있습니다. 일어나지도 않았고, 일어날 일도 아닌데 오늘을 염려하며 사는 사람들이 얼마나 많습니까? 회사에 입사하면서부터 해고를 생각합니다. 비행기를 타면서부터 추락을 염려합니다. 결혼을 하자마자 이혼을 걱정합니다. 얼마나 어리석은 일입니까?

그러나 하나님의 사람은 고난 가운데 있을지라도 신실하신 하나님께서 약속하신 대로 이루실 것을 믿기에 오늘을 감사하며 살 수 있습니다.

누가 확신을 갖는가?

확신을 갖기 위해서는 어떻게 해야 합니까? 누가 확신을 가지고 이 세상을 살아갑니까? 배우는 자입니다.

> "그러나 너는 배우고 확신한 일에 거하라 너는 네가 누구에게서 배운 것을 알며"(딤후 3:14).

배워야 합니다. 배우지 않고는 누구도 확신을 가질 수 없습니다. 무엇을 배워야 합니까? 하나님의 말씀입니다. 왜 하나님의 말씀을 배워야 합니까? 구원에 이르는 지혜를 얻기 때문입니다.

"성경은 능히 너로 하여금 그리스도 예수 안에 있는 믿음으로 말미암아 구원에 이르는 지혜가 있게 하느니라"(딤후 3:15b).

또한 교훈과 책망과 바르게 함과 의로 교육하기에 유익하기 때문입니다.

"모든 성경은 하나님의 감동으로 된 것으로 교훈과 책망과 바르게 함과 의로 교육하기에 유익하니"(딤후 3:16).

그리고 하나님의 사람을 온전하게 하며 모든 선한 일을 행할 능력을 갖추게 하기 때문입니다.

"이는 하나님의 사람으로 온전하게 하며 모든 선한 일을 행할 능력을 갖추게 하려 함이라"(딤후 3:17).

진리의 말씀만이, 생명의 말씀만이 우리에게 확신을 줄 수 있습니다. 어떤 체험도, 어떤 삶의 노하우도 우리에게 확신을 줄 수 없습니다. 그러므로 우리는 성령의 감동으로 기록된 하나님의 말씀을 배워야 합니다. 그렇다면 언제부터 말씀을 배워야 할까요?

"또 어려서부터 성경을 알았나니"(딤후 3:15a).

할 수만 있다면 어릴 때부터입니다. 디모데는 모태신앙인입니다. 그는 어려서부터 외조모 로이스와 어머니 유니게를 통하여 말씀을 배웠습니다.

"이 믿음은 먼저 네 외조모 로이스와 네 어머니 유니게 속에 있더니 네 속에도 있는 줄을 확신하노라"(딤후 1:5b).

사람은 끊임없이 나이를 초월해 배워야 합니다. 철학자 피타고라스는 "산다는 것은 배우는 것이다"라고 말했습니다. 칸트도 "인간은 교육을 요하는 유일한 창조물이며 교육에 의해서만 인간다운 인간이 된다"고 말했습니다. 그렇습니다. 우리는 나이와 무관하게 배워야 합니다. 배워야 변화하는 시대에 적절하게 대응하며, 확신을 가지고 살아갈 수 있습니다.

세상의 역사와 정보와 지식을 배워야 합니다. 하나님의 사람은 그것과 더불어 성령의 감동으로 기록된 하나님의 말씀을 배워야 합니다. 그래야 확신을 가지고 살아갈 수 있습니다. 확신은 하루아침에 생겨나지 않습니다. 확신은 혈육에서 오는 것이 아닙니다. 부모가 확신을 가졌다고 자녀가 저절로 확신을 가지게 되지 않습니다.

어릴 때부터 철저하게 말씀을 암송하고, 말씀을 묵상하고, 말씀 안에 거하는 훈련을 해야 합니다. 그런데 요즘 성경도 없이 신앙생활 하는 아이들이 너무나 많습니다. 실상 자녀에게 말씀을 가르치는 부모도 별로 없습니다. 그렇다 보니 부모는 신앙이 있는데 자식은 신앙이 없습니다. 신앙이 없다 보니 당연히 확신이 없고, 확신이 없으니까 자기 소견에 옳은 대로 행합니다.

부모의 일차적인 책임은 내 자녀를 신앙으로 가르치는 것입니다. 하나님은 부모들에게 말씀하십니다.

"마땅히 행할 길을 아이에게 가르치라 그리하면 늙어도 그것을 떠나지 아니하리라"(잠 22:6).

부모 된 우리는 자녀들에게 하나님의 말씀을 가르쳐야 합니다. 언제부터 가르쳐야 합니까? 태중에 있을 때부터, 어릴 때부터 가르쳐야 합니다. 신앙은 조기교육이 필요합니다. 늙어도 말씀을 떠나지 않기 때문입니다. 사탄이 우리 아이들의 마음에 잘못된 사상과 이념, 가치관을 심어 주기 전에 먼저 말씀의 씨앗을 심어야 합니다. 이렇게 영적 전신갑주로 무장시켜 놓으면 나이가 들어도 말씀을 떠나지 않습니다. 목회하면서 보니 주님을 떠났다 다시 돌아온 사람들의 대부분은 어릴 때 신앙생활을 했던 사람들입니다.

사람은 깨달은 대로 살아가는 것이 아니라 익숙한 대로 살아갑니다. 깨달음을 통해서 감동받고, 마음이 뜨거워지기도 하지만 그렇게 살지 못할 때가 많습니다. 익숙해져 있지 않기 때문입니다. 인간은 익숙한 대로 살아갑니다. 그러므로 어릴 때부터 철저하게 하나님의 말씀을 암송하고, 묵상하고, 말씀대로 살도록 거룩한 습관을 만들어 주어야 합니다.

모 출판사 중학교 3학년 사회 교과서에는 가정에서 일어날 수 있는 인권 침해 사례가 실려 있습니다. '부모님이 내 전자우편을 몰래 확인하거나, 설거지를 여자인 나에게만 시킨다'면 인권위원회에 신고하거나 지역 신문에 의견을 내라고 되어 있습니다. 이것이 왜 문제가 됩니까? 가정에서의 부모 교육권을 침해하고 있기 때문입니다. 가정마다 부모의 교육 방법이 다를 수 있는데 이런 가르침을 받다 보면 조금만 심사가 뒤틀려도 자식이 부모를 고발하는 시대가 올 수 있습니다.

이미 학교는 이런 분위기입니다. 적잖은 선생님들이 학습 분위기를 흐리고, 통제를 벗어나 도를 넘는 학생들에 대한 실질적인 지도 방법의 부재로 어려움을 토로합니다. 더군다나 올바르게 지도하려 해도 일부 극성스런 부모들의 항의나 신고 때문에 소신을 가지고 학생들을 대하기가 점점 어려워지고 있습니다. 오죽하면 학생들 사이에서 무슨 일이 생겨도 적극적으로 개입하기보다는 그냥 방관하자는 자조 섞인 말까지 나올까요? 학생들을 올바르게 지도해야 할 교사의 권위는 이미 바닥에 떨어진 지 오래입니다. 이해와 관용이 배제된 채 서로 불신하고 조금만 손해를 끼치거나 잘못해도 분노하며 고발이 만연해진다면 학생들은 학교에서 무엇을 배울 수 있을까요?

이런 분위기가 가정으로 이어진다고 생각해 보십시오. 인권이라는 미명하에 "주일을 성수해라, 육신의 양식을 먹기 전에 먼저 영의 양식을 먹어라, 기도하고 밥을 먹어라, 시험보다 예배가 먼저다, 온전한 십일조를 드려야 한다"고 가르치는 부모를 종교 차별이라고 고발하는 자녀가 나올지도 모릅니다.

정부가 폭력이나 성추행, 성폭행 등 인간의 존엄성을 훼손하는 명백한 죄에 대해 법으로 다루는 것은 참으로 옳은 일입니다. 하지만 가정에서의 신앙교육, 자녀교육에 대해서는 간섭하지 말아야 합니다. 그 권리는 국민에게 있습니다. 그것이 진정한 민주국가입니다.

왜 배우고 확신한 일에 거해야 하는가?

마지막으로 왜 배우고 확신한 일에 거해야 할까요? 우리가 사는 이 세상에 악한 자들과 속이는 자들이 있기 때문입니다.

> "악한 사람들과 속이는 자들은 더욱 악하여져서 속이기도 하고 속기도 하나니"(딤후 3:13).

바울은 말세의 특징을 말하면서 악한 사람들과 속이는 자들에 대해 언급합니다. 바울은 진리를 속이고, 대적하는 악한 자들이 점점 더 악해지고 있다고 진단하고 있습니다.

> "얀네와 얌브레가 모세를 대적한 것같이 그들도 진리를 대적하니"(딤후

3:8a).

얀네와 얌브레는 아람어로서 '유혹하는 자', '반란을 일으키는 자' 라는 뜻입니다. 빌립보 교회 안에 얀네와 얌브레와 같은 거짓 교사들이 있었습니다. 거짓을 유포하며 바울과 디모데가 전한 복음을 믿지 못하도록 대적하는 자들이었습니다.

오늘 우리가 사는 세상도 마찬가지입니다. 얀네와 얌브레같이 사람들을 미혹하며 복음을 대적하는 자들이 있습니다. 진리를 대적하는 자들이 있습니다. 예수만이 길이요 진리요 생명이라 말하면 독선적이고 편협하다고 벌떼처럼 달려들어 공격합니다. 다른 종교는 그렇지 않은데 유독 기독교만 배타적인 종교라고 비판합니다. 세상은 모든 종교가 종교다원주의로 갈 것을 요구하고 있습니다.

뿐만 아닙니다. 지금 우리는 창조의 질서를 뒤흔드는 젠더gender 이데올로기 시대에 살고 있습니다. 젠더 이데올로기란 남자와 여자라는 양성 사이에 존재하는 상반성과 한 가정 안에서 부모로서 갖는 위치를 완전히 폐지, 무효화하자는 이념입니다. 인류가 지켜 온 덕성과 도덕, 정절을 부정하고 동성애를 옹호합니다. 남성과 여성의 구별 없이 중성적 호칭을 통해 모든 사람의 동일성을 주장합니다. 실제로 스위스의 많은 초·중·고교에서는 아버지와 어머니를 '부모 1', '부모 2'로 부르게 하고, 스웨덴의 학교에서는 남학생, 여학생이라고 부르는 것이 금지되어 선생님들이 학생을 부를 때는 공통적으로 '친구'라는 호칭을 사용해야 한다고 합니다(피터 바이어하우스 교수, 「크리스천투데이」, 2015년 1월 18일).

젠더 이데올로기는 동성애나 양성주의를 거부하는 사람들을 사회적으로 지탄받게 하거나 '호모 포비아'(동성애자 혐오)로 낙인찍어 정신이상자로 취급하고 있습니다. 영국과 스웨덴은 이른바 '증오법'hate laws을 도입해 동성애자들이 차별을 받는다고 느끼는 모든 언사에 대해 형법을 적용하고 있습니다.

우리 자녀들이 살아야 할 세상이 바로 이런 세상입니다. 불법이 성행하고, 창조 질서를 깨뜨리며, 진리를 대적하는 자들이 하나님의 백성을 미워하는 그런 세상입니다. 따라서 지금부터라도 우리의 자녀들이 배우고 확신한 일에 거하게 해야 합니다. 하나님의 말씀으로 전신갑주를 입어 진리를 대적하는 자들 앞에서도 흔들리지 않도록 해야 합니다. 간절히 소망하는 것은 다음 세대들이 하나님의 말씀 안에 거함으로 진리를 대적하는 것에 굴하지 않고, 하나님의 사람으로 정체성을 지키며 살아가는 것입니다.